Almut Schmidt
nach einem Drehbuch von Lea Schmidbauer

OSTWIND
Aufbruch nach Ora

Basierend auf einer Idee von
Lea Schmidbauer und Kristina Magdalena Henn

Almut Schmidt

nach einem Drehbuch von Lea Schmidbauer

OSTWIND
Aufbruch nach Ora

ALIASENTERTAINMENT

Dieses Buch wurde auf chlorfrei gebleichtem Papier gedruckt.

1. Auflage
© und (TM) 2017 Alias Entertainment GmbH
© Ostwind Filme SamFilm GmbH
Alle Rechte vorbehalten
Satz: Frese Werkstatt
Umschlaggestaltung: tatendrang
Artwork: Constantin Film Verleih GmbH
Fotos: Marc Reimann
Druck: GGP Media GmbH, Pößneck
ISBN 978-3-940919-14 4
Printed in Germany

 /#OstwindFilm

1. Kapitel

Stille umgab den See in der Morgensonne. Lichtpunkte tanzten wie Sterne auf dem kristallklaren Wasser. Es duftete nach frischem Grün. Leise Hufschläge näherten sich. Eine hellbraune schlanke Stute trat ans Ufer, sah sich wachsam um, senkte den Kopf und trank. Eine weitere Pferdenase schob sich ans Wasser. Und noch eine. Schließlich stand eine kleine Herde am See. Gierig saugten sie das kühle Nass auf.

Plötzlich hob die Stute den Kopf und stieß ein durchdringendes Wiehern aus. Sofort kam Bewegung in die Herde. Die ersten Pferde drehten auf der Hinterhand um, ihre wirbelnden Hufe ließen Wasserfontänen aufspritzen. Im Galopp brachen sie durch Sträucher und Gräser die Böschung hinauf und jagten hinaus auf die weite Ebene. Vereinzelte Korkeichen säumten die Steppe, dahinter erhoben sich schroffe Felsen. In lang gezogener Formation preschte die Herde dahin, eine Staubfahne hinter sich herziehend.

Ganz vorn galoppierte die hellbraune Stute, an ihrer Seite ein schwarzer Jährling. Dann geschah etwas Seltsames: Statt weiter voranzusprengen, begann die Herde im Zickzack zu laufen, änderte immer wieder abrupt die Richtung, trabte in Schlangenlinien. Der Staub wurde zu einer dichten Wolke, in der sich das Trommeln der Hufe schließlich in der Ferne verlor.

Langsam sank der Staub zu Boden. Stille. Die Herde war verschwunden, aber ihre Hufabdrücke hatten etwas zurückgelassen. Im blassgrünen Gras der Steppe war deutlich ein übergroßes Symbol zu erkennen: eine fünfzackige Blüte, darunter zwei parallele Wellenlinien.

»Hallo?«

Die Stimme sickerte wie durch Watte an Mikas Ohr. Die Steppe aus ihrem Traum verblasste.

»Hallooo?« Die Stimme wurde lauter. Und aufgebrachter. »Schläft sie etwa?«

Wie aus weiter Ferne hörte Mika ihren Freund Sam eine Entschuldigung stammeln. »Nein, natürlich nicht. Sie, äh … denkt nach!«

Ein unsanfter Tritt traf Mika am Schienbein. »Mika!«

Sie schrak hoch. »Was, wo, wer?« Mika brauchte eine Weile, bis sie wieder wusste, wo sie war. Nicht in der hellen, lichtdurchfluteten Steppe aus ihrem Traum, sondern in der Reithalle von Gut Kaltenbach. Das Lächeln schwand aus ihrem Gesicht. Kurz rieb sie sich den schmerzenden Nacken. Da war sie doch tatsächlich auf diesem unbequemen Regiestuhl eingeschlafen, mit nach hinten gekipptem Kopf. Hoffentlich hatte sie wenigstens nicht gesabbert.

Mika blickte hoch. Direkt vor ihr ragte ein Schimmel wie ein Turm empor. Auf seinem Rücken thronte seine Reiterin, Frau Düsenberg-Oldermann. Sie musterte Mika mit empörtem Blick.

»Ich habe das volle Paket bezahlt und bin den ganzen

weiten Weg hierhergekommen, um herauszufinden, was mit meinem Pferd nicht stimmt.« Aus ihrem perfekt geschminkten Mund kam ein verächtliches Lachen. »Und jetzt so was!« Sie schien nicht fassen zu können, dass ihre Trainerin mitten in der Stunde eingeschlafen war.

Mika setzte sich auf und sah dem Schimmel für einen Moment tief in die traurigen Augen. Sie spürte genau, was er sagen wollte. Mika seufzte. »Mit ihrem Pferd stimmt alles. Das Problem sind Sie.«

Frau Düsenberg-Oldermann verschlug es für einen Moment die Sprache, und auch Sam sah Mika entsetzt an.

»Also, das ist ja wohl ...« Die Reiterin wusste offenbar nicht, ob sie schreien oder heulen sollte. Wutentbrannt packte sie die Zügel und bohrte dem Schimmel ihre Absätze in den Bauch. »Das habe ich nicht nötig, mir so etwas anzuhören!«, zischte sie. »Empedokles, wir gehen.« Der Schimmel verharrte wie ein Denkmal. »Los, vorwärts!« Mit aller Kraft presste die Frau ihre Beine zusammen. Mit dem Erfolg, dass ihr Pferd rückwärts lief. Frustriert ließ sie die Zügel fallen und deutete anklagend auf Mika. »Da! Sehen Sie, wie er mich ignoriert? Sehen Sie das?«

Mika zuckte mit den Schultern. »Ja. Er ignoriert Sie, weil Sie das Gleiche mit ihm tun.«

Frau Düsenberg-Oldermann fiel fast die Schminke aus dem Gesicht. »Was?« Sie brach in ein ungläubiges Lachen aus. Dann bedachte sie Mika mit einem kalten Blick. »Unverschämtheit!«

Bevor sie weitere Schimpftiraden loslassen konnte,

stand Mika auf, drehte sich um und stapfte aus der Halle. Draußen lehnte sie sich gegen das Tor und atmete tief durch. Warum war es manchmal so schwierig? Warum verstanden die Leute einfach nicht, was die Pferde ihnen sagen wollten?

Für einen Moment schloss Mika die Lider. Bilder aus ihrem Traum tauchten in ihrem Kopf auf. Ein schwarzes Pferd, das im Zickzack über die weite Steppe lief, ein seltsames Symbol im Gras ...

Mika riss die Augen auf. Plötzlich sah sie das Symbol so deutlich vor sich wie auf einer Zeichnung. Und sie hatte das komische Gefühl, es auf keinen Fall vergessen zu dürfen. Hastig zog sie einen Stift aus ihrer Jackentasche und malte das Zeichen auf ihren Handrücken: eine fünfzackige Blüte mit zwei Wellenlinien darunter.

Trotz des kühlen Herbstwetters war auf Kaltenbach auch heute wieder eine Menge los. Auf einem neuen großen Schild im Innenhof stand in geschwungener Schrift: »Therapiezentrum Gut Kaltenbach«. Das Logo daneben zeigte eine Kentaurin: halb Mensch, halb Pferd – eine Idee von Herrn Kaan, Mikas Lehrmeister.

Seit der Eröffnung vor einigen Monaten strömten die Leute nur so auf das Gestüt. Sie alle hatten das YouTube-Video von Mikas atemberaubender Dressurkür mit Ostwind gesehen und wollten die »Kentaurin« live erleben.

Gruppen von Reitschülern wuselten umher, Lachen und Gesprächsfetzen hallten über den Hof. Pferde wurden geputzt oder zur Weide geführt, im Hintergrund parkten Pferdeanhänger von Kunden, die mit ihrem Vierbeiner von weit her gekommen waren.

Mit zufriedenem Blick betrachtete Maria Kaltenbach den Trubel. Wenn das so weiterging, wäre Kaltenbach seine Schulden bald los. Allerdings gehörten zur neuen »Kundenfreundlichkeit«, wie Sam es nannte, auch Termine wie der, der ihr jetzt bevorstand. Eine Frau wollte sich den Hof zeigen lassen, bevor sie ihre Tochter anmeldete. Eigentlich führte Maria Kaltenbach die Gäste gerne herum, aber die Dame und deren Tochter schienen den Reiterhof mit einer Modenschau zu verwechseln. Mit weißer Pelzjacke und klimperndem Goldschmuck war jedenfalls noch niemand hier aufgekreuzt. Die Lieblingsfarbe des Mädchens dagegen war eindeutig Pink – von der Mütze bis zur Reithose.

»Es geht uns hier in Kaltenbach vor allem um einen freiheitlichen Umgang mit den Pferden«, begann Maria Kaltenbach zu erklären und machte mit der Hand eine unbestimmte Geste quer über den Hof. Wie hieß noch mal dieses neumodische Wort dafür?

»Natural Horsemanship«, flüsterte Tinka, die mit einem Clipboard im Arm neben ihr lief.

Maria Kaltenbach stockte kurz. »Gibt es da kein deutsches Wort?«

Tinka verdrehte die Augen. So hieß das eben!

Aber Maria hatte sich schon wieder gefangen und redete munter weiter. »Natürliche Reitkunst, nennen wir es doch so. Jedenfalls …«

»Da ist sie«, kreischte das kleine Mädchen plötzlich und zeigte aufgeregt auf Mika, die weiter hinten über den Hof lief. »Ich hab sie auf YouTube gesehen!«

Nicht schon wieder. Hatte wirklich jedes Mädchen auf diesem Planeten Fannys Video angeklickt? Mika zog sich die Mütze ins Gesicht und wollte unauffällig verschwinden.

»Mika, kommst du mal bitte und sagst Hallo?«, hörte sie die Stimme ihrer Oma. Okay, das konnte sie jetzt nicht mehr ignorieren.

Mit einem schiefen Grinsen ging Mika auf die Gruppe zu. Oh nein – filmte das Mädchen sie etwa auch noch? Unverwandt hielt die Kleine ihr Handy mit der glitzernden pinkfarbenen Hülle in Mikas Richtung.

»Hallo.« Mehr fiel Mika gerade nicht ein.

»Die kleine Sabina hier möchte …«, begann Maria Kaltenbach.

Mit einem affektierten Lächeln schaltete die Mutter sich ein. »Sha-qui-na«, verbesserte sie Maria.

»Aha.« Mikas Großmutter atmete leicht genervt ein, ließ sich aber ansonsten nichts anmerken. Sie war schon mit ganz anderen Kalibern fertig geworden. »Also«, fuhr sie fort. »Die kleine DAME würde gerne lernen, ein bisschen zu … äh …«

»Pferdeflüstern«, platzte es aus dem Mädchen heraus. Es ließ kurz das Handy sinken und strahlte Mika an wie eine Erscheinung.

Mika und Tinka tauschten einen Blick. »Äh, na klar«, murmelte Mika.

10

Unbemerkt schob in diesem Moment Archibald, Tinkas schwarz-weiß geschecktes Pony, seinen Kopf über die Schulter von Shaquina – und schnappte sich zielstrebig das Glitzerhandy, drehte sich um und trabte eilig mit seiner Beute davon.

Mika konnte ein Kichern nicht unterdrücken. Seit wann stand Archi auf Pink?

»Hey«, schrie die Kleine und sah dem Pony unglücklich hinterher.

»Archi, was soll denn das?« Tinka hechtete ihm nach. »Stopp, bleib stehen!«

Ihre hastige Bewegung erschreckte das Pony, es ließ das Handy fallen – direkt in eine schlammige Pfütze. In Sekunden überzog Matschbraun das grelle Pink.

Entgeistert starrte die Mutter abwechselnd auf das Handy und auf Maria Kaltenbach.

Die breitete entschuldigend die Arme aus. »Das tut mir leid«, beeilte sie sich zu sagen. »Freiheitlicher Umgang heißt natürlich nicht, dass unsere Pferde hier frei herumlaufen!« Sie warf ihrer Enkelin einen strengen Blick zu, die sich nur mit Mühe das Lachen verbeißen konnte.

»Natürlich nicht«, stimmte Mika mit gespieltem Ernst zu.

In diesem Moment erklang ein lautes Wiehern von der Hofeinfahrt, Hufe trommelten über Asphalt. Alle Köpfe fuhren herum.

In vollem Galopp preschte ein schwarzes Pferd mit wehender Mähne auf den Hof, direkt auf den kleinen Besichtigungstrupp zu. Auf Mikas Gesicht machte sich ein Grinsen breit, Maria ließ resigniert den Kopf sinken. »Natürlich.« Was sollten die Leute jetzt denken? Ganz offensichtlich machten die Pferde hier ja, was sie wollten.

Im Moment hatte Shaquinas Mutter allerdings andere Sorgen. Verängstigt presste sie ihre Tochter an sich, während der schwarze Hengst die vier mit erhobenem Schweif umkreiste. Schließlich blieb er schnaubend vor Mika stehen und senkte vertrauensvoll seinen Kopf vor ihr.

»Hallo Ostwind«, begrüßte Mika ihn liebevoll.

Der Blick von Shaquinas Mutter sprach Bände. Offenbar hielt sie hier alle für völlig durchgeknallt. Maria Kaltenbach war klar, dass damit die Anmeldung geplatzt war.

Nachdem Shaquina und ihre Mutter Hals über Kopf geflüchtet waren, führte Mika Ostwind zurück auf seine Koppel. Die ersten Sonnenstrahlen drängten sich durch die dichten Wolken. Auf der Weide rechts vom Schotterweg arbeitete Milan an einer großen Holzwippe für Pferde. Das war seine neueste Idee. Sie sollte das Gleichgewicht der Pferde trainieren. Mika lächelte. Sie freute sich, den dunkelhaarigen Jungen zu sehen. Seit Kurzem benahmen sie sich schon wie ein richtiges Paar.

Als Milan sie sah, legte er das Werkzeug beiseite und kam näher. »Ach was. Schon wieder über den Zaun?«

Mika grinste. »Ist halt ein Springpferd.« Dann wurde sie ernst. »Er ist einsam, seit 34 wieder im Stall ist.« Die schöne Schimmelstute, Ostwinds Gefährtin, war irgendwann nicht mehr gerne zu der abgelegenen Weide am Wald gegangen. Milan hatte sie schließlich im Stall untergebracht.

Milan lehnte sich gegen die obere Zaunlitze. »Sie wollte eben nicht mehr da draußen sein. So sind Pferde manchmal.« Nachdenklich sah er Ostwind an, der mit hängendem Kopf neben ihnen stand. »Aber du musst irgendwas machen.«

Mika wusste genau, was er meinte. Ostwind hatte in den letzten Wochen immer öfter am Zaun gestanden und in die Ferne geblickt. Beim Reiten war er munter, doch er tobte nicht mehr so oft über die Weide wie früher. Seine Augen hatten einen anderen Ausdruck bekommen, aber Mika konnte ihn nicht deuten.

»Was soll ich denn tun?« Es klang heftiger als beabsichtigt. »Ich muss den ganzen Tag diese blöden Leute ertragen mit ihren blöden Fragen und blöden ...«, sie suchte nach Worten, »... Handys!«

Spielerisch zog Milan ihr die Mütze ins Gesicht, legte den Arm um sie und zog sie an sich.

»Hey«, sagte er leise. Mika lehnte sich an ihn und schob ihre Mütze wieder hoch. Bei der Bewegung entdeckte Milan die Zeichnung auf ihrer Hand. Überrascht hielt er ihren Arm fest.

»Was ist das?«, fragte er und strich mit zwei Fingern darüber.

Zuerst wollte Mika den Arm zurückziehen, denn plötzlich war ihr die Sache mit dem Traum peinlich. Schon seit

Wochen verfolgte er sie. Aber dann streckte sie Milan doch die Hand entgegen. Vor ihm wollte sie keine Geheimnisse haben.

»Davon träume ich. Fast jede Nacht.« Sie sah Milan an. »Es ist ganz komisch, irgendwie als würde es mich rufen.« Als sie ihre eigenen Worte hörte, zog sie schnell die Hand weg. »Boah, wie bescheuert klingt das denn!«

Milan schüttelte belustigt den Kopf. »Du warst doch immer ganz gut darin, deinen Träumen zu vertrauen.« Er kletterte über den Zaun und stellte sich neben Ostwind. »Weißt du echt nicht, was das ist?«, fragte er und fuhr mit einer Hand über die Kruppe des Hengstes.

Mika runzelte die Stirn. Sie hatte immer wieder darüber nachgedacht. Die Form kam ihr fremd und gleichzeitig seltsam vertraut vor.

An einer aufgerauten Stelle im Fell hielt Milans Hand inne. Auffordernd sah er Mika an.

Die kniff die Augen zusammen. »Ja, das ist so ein komischer Fellwirbel. Hat er schon immer.«

Milan grinste. »Schon lustig. Wie kann man so viel über Pferde wissen und dann wieder so wenig?« Mit einem Finger fuhr er den gezackten Haarwirbel nach. »Das ist sein Brandzeichen. Es sagt dir, wo Ostwind herkommt.«

Mika legte den Führstrick über Ostwinds Hals und trat näher. Und plötzlich erkannte sie die Form: Es war ein gezackter Stern mit zwei wellenförmigen Linien darunter! Ihr stockte der Atem. Ostwind trug das Zeichen aus ihrem Traum.

»Und wo kommt er her?« Ihre Stimme klang rau. Schon lange hatte sie versucht, mehr über Ostwinds Vergangenheit herauszufinden. Auch ihre Oma wusste nicht viel über ihn, außer dass er von Halla, dem berühmten Springpferd, abstammte.

Milan zuckte die Schultern. »Da gibt's Tausende Brandzeichen. Müsste man nachschlagen. Darüber gibt's Bücher.«

Nachdenklich starrte Mika in die Ferne. »Hm.«

In diesem Moment klingelte ihr Handy. Ostwind stupste sie ungeduldig an, als sie es aus der Tasche zog. Und als Mika ranging, flitzte er mit einem Bocksprung davon. Hä? War das etwa ein schlechtes Zeichen? Offensichtlich.

»Mika! Wo bist du? Ich brauch dich hier!«, drang eine verzweifelte Stimme an ihr Ohr.

Sam! Er stand in der Reithalle, umringt von aufgebrachten Kunden.

»Lady ist einfach nur frech«, schimpfte ein Möchtegern-Cowboy mit Hut und Stiefeln.

»Haben Pferde eigentlich auch Pubertät?«, wollte eine Frau mit englischem Akzent wissen. »Die ist sooo zickig …«

»Der will mich nur ärgern«, behauptete ein Mädchen, deren Pferd ihr sein Hinterteil zudrehte.

»Troubadour macht nie, was ich will«, beschwerte sich ein Herr im feinen Reitdress.

»Kontrollverlust, totaler Kontrollverlust«, rief eine Kundin, die am Zügel ihres großen Braunen hing.

»Ungezogen … unverschämt … frech … bockig«: Die Stimmen dröhnten durcheinander.

Mika schloss die Augen, ließ das Handy fallen und hielt sich die Ohren zu.

Es war Abend geworden. Ein langer Tag mit nervigen Reitschülern war zu Ende. Mika trat ins Gutshaus, warf die Tür hinter sich zu und holte tief Luft. »Aaaahhhhhh!« So ein Schrei war echt befreiend.

Maria Kaltenbach, die es sich im Salon auf dem Sofa gemütlich gemacht hatte, zuckte zusammen. Fast wäre ihr das Buch über Natural Horsemanship aus der Hand gefallen, in dem sie gerade schmökerte.

Mika stampfte hinein und ließ sich schwer auf einen Stuhl neben dem Sofa fallen. »'tschuldigung. Harter Tag.«

Besorgt sah Maria sie an. »Was ist denn los?«

Aus Mika sprudelte es förmlich heraus. »Diese Leute sind so schwerhörig! Sie sagen, die Pferde sind das Problem, aber in Wahrheit sind immer *sie* das Problem!« Wütend klatschte sie ihre Hände auf die Stuhllehne. Leute wie diese Frau Düsenberg-Oldermann wollten den Pferden gar nicht zuhören. Sie wollten jemanden, der *ihnen* zuhörte.

Ihre Großmutter seufzte. »Aber Mika, genau dafür sind wir doch da.«

Schweigend starrte Mika vor sich hin. Sie hatte sich so auf die Arbeit im neuen Therapiezentrum gefreut. Es war ja auch gut, dass viele Kunden kamen, aber die Leute waren fast nie bereit, bei sich selbst etwas zu ändern – stattdessen sollte das Pferd »funktionieren«. Wenn sie das schon hörte …

»Ich hab mir das anders vorgestellt«, sagte Mika schließlich leise.

Maria Kaltenbach zuckte leicht die Schultern. »Ja, es ist anders«, gab sie zu. »Auch für mich. Aber manchmal muss man sich verändern. Neue Dinge wagen.«

Das war das falsche Stichwort. Mika sprang auf und zeigte anklagend auf ihre Großmutter. »Neue Dinge wagen? Du bist seit Jahren nicht mehr auf ein Pferd gestiegen. Seit dem Unfall. Obwohl du könntest!«

Plötzlich war es ganz still im Raum, nur das Ticken der Uhr war zu hören. Maria schwieg verletzt. Wusste Mika nicht, wie sehr ihr das Reiten fehlte? Aber die Angst war bisher immer größer gewesen.

Mika spürte, dass sie zu weit gegangen war. Sie biss sich auf die Lippen und setzte sich wieder. »'tschuldigung.« Heute tappte sie echt von einem Fettnäpfchen ins nächste. Aber jetzt war es auch schon egal, es musste alles raus. »Es ist nur … Ostwind ist einsam. Ich weiß nicht, ob da draußen noch der richtige Ort für ihn ist.«

Maria antwortete nicht gleich. »Ist Kaltenbach der richtige Ort für dich?«, fragte sie dann zurück.

Überrascht sah Mika auf. »WAS?«

Mit ruhiger Stimme fuhr Maria fort: »Mika, du hast eine ganz besondere Gabe. Aber sie gehört dir nicht allein. Du trägst eine Verantwortung.« Sie seufzte. »Deine Mutter hat sich hier nie wohlgefühlt, und ich hab's nicht bemerkt. Ich möchte nicht denselben Fehler noch einmal machen.« Eindringlich sah sie Mika an. »Ist es ein Fehler?«

Mika wusste nicht, was sie sagen sollte. So ernst und erwachsen hatte ihre Großmutter noch nie mit ihr geredet. Die Gedanken fuhren Karussell in ihrem Kopf. Zögernd blickte sie ihre Großmutter an. »Vielleicht«, antwortete sie langsam. Und fühlte sich im gleichen Moment schlecht.

2. Kapitel

Unruhig wälzte Mika sich in ihrem Bett herum. Normalerweise schlief sie immer innerhalb von fünf Minuten wie ein Stein, aber heute hielten die kreisenden Gedanken sie wach. Mika vergrub ihr Gesicht im Kopfkissen. Die Fragen ihrer Großmutter hallten in ihrem Kopf nach. Gehörte sie nach Kaltenbach? Gehörte Ostwind hierher?

Ostwind – plötzlich wusste Mika, wo zumindest heute Nacht der richtige Ort für sie war. Sie schlüpfte in ihren Jogginganzug, schnappte sich ihr Kopfkissen und eine Laterne und verließ leise das Haus. Die Nacht war stockdunkel, aber den Weg zu Ostwinds Unterstand hätte sie auch mit geschlossenen Augen gefunden.

Der Hengst schien auf sie gewartet zu haben. Leise brummelnd tauchte sein Umriss in der Dunkelheit auf. Mika warf ihr Kissen ins Stroh und ließ sich mit einem Seufzer darauf nieder. Ostwind kam näher und schnupperte an ihrem Arm. Dann knickten erst seine Vorderbeine, dann seine Hinterbeine ein, und er legte sich behutsam neben sie.

Mit einem zärtlichen Lächeln sah Mika ihn an und

kraulte seine Nase. Wie immer in seiner Gegenwart entspannte sie sich sofort. Der Hengst begann an ein paar Strohhalmen zu knabbern, und das Geräusch mahlender Pferdezähne wiegte Mika in den Schlaf.

Doch sie träumte unruhig – Bilder einer flüchtenden Herde, ein sich aufbäumendes Pferd, eine geheimnisvolle Frau ... Mika zitterte und warf sich auf ihrem Strohlager hin und her. Jemand trat neben sie und breitete fürsorglich eine warme Decke über ihr aus.

Blinzelnd öffnete Mika die Augen. Nicht weit entfernt stand Ostwind und graste ruhig in der Morgendämmerung. Sein Anblick zauberte Mika ein Lächeln ins Gesicht. Er war da, alles war gut.

»Schon wieder?«, ertönte eine Stimme von rechts. Herr Kaan. Der alte Mann lebte neben Ostwinds Weide in einem alten Bauwagen. Jetzt saß er ihr gegenüber auf einem Strohballen und zog eine Thermoskanne aus den Taschen seines langen Wettermantels.

Verschlafen setzte sich Mika auf.

»Deine Großmutter wird nicht begeistert sein«, fuhr Herr Kaan fort. Er stand auf und reichte ihr einen Becher mit heißem Tee.

Mika sagte nichts und nahm stattdessen einen Schluck. Ähhhh! Das schmeckte ja widerlich! In hohem Bogen spuckte sie den Tee aus. »Was ist das denn?«, würgte sie hervor.

»Meine Spezialmischung. Gut fürs Herz«, erwiderte

20

Herr Kaan ungerührt und setzte sich wieder. Mit der Kanne in der Hand sah er Mika fragend an. »Apropos Herz ...«

Mika seufzte schwer und betrachtete die bunten Bänder an Ostwinds Unterstand, die sich sacht im Wind bewegten. »Ach! Ostwind ist unglücklich. Und ich kann ihm nicht helfen!«

Der alte Mann beugte sich vor und sah sie ernst an. »Mika. Du kannst nicht alles für Ostwind sein. Du bist nun mal ein Mensch, kein Pferd – auch wenn du das manchmal vergisst.« Vorsichtig schlürfend nahm er einen Schluck von seinem Gebräu.

Mika knabberte an ihrer Unterlippe. So etwas Ähnliches hatte er schon einmal zu ihr gesagt. Und sie wusste, er hatte recht, aber trotzdem ...

»Haben Sie sich nie gefragt, wo Sie hingehören?«, wollte sie wissen.

Herr Kaan nickte. »Doch. Ist lange her.« Er nippte an seinem Becher. »Damals habe ich den Wald vor lauter Bäumen nicht gesehen. Also bin weggegangen. Dahin, wo es keine Bäume gab.« Gedankenverloren blickte er über die Weide. »Ich habe eine Reise gemacht.«

Mika überlegte. Wäre das auch für sie die Lösung? »Aber ich wüsste gar nicht wohin«, meinte sie dann.

Der alte Mann nickte bedächtig. »Das musst du selbst herausfinden.« Er schraubte die Kanne zu und stand auf. »Deinen Traum, Mika, hast du den noch?«

Mika starrte ihn an. Ihre Träume – waren sie der Schlüssel? Mit einem Schlag wurde ihr klar, was zu tun war. Sie sprang auf und raffte ihre Sachen zusammen. Auf der Stelle würde sie mit den Nachforschungen über Ostwinds Brandzeichen beginnen. Es war eine wichtige Spur, das fühlte sie jetzt ganz deutlich. Wohin würde sie führen?

Die Wände der kleinen Bibliothek von Gut Kaltenbach waren ringsum mit raumhohen hölzernen Regalen bedeckt. An einem lehnte eine Leiter, damit auch die oberen Reihen bequem erreichbar waren. In den meisten Fächern standen Bücher über Pferde. Maria Kaltenbach hatte in den vielen Jahren als Züchterin eine beachtliche Sammlung zusammengetragen.

Mika saß an dem schweren Schreibtisch mit glänzend polierter Holzplatte. Vor ihr stapelten sich alte, in Leder gebundene Fachbücher über Rassen und Brandzeichen. Die meisten hatten eine ordentliche Staubschicht angesetzt. Mika schaltete die antike Tischleuchte ein, denn durch das schmale Fenster drang nur wenig Licht in den Raum. Dann schlug sie das erste Buch auf: »Die Kennzeichen der Pferde in Deutschland.« Mit dem Finger begann sie, über die Seiten zu fahren. Meine Güte, wie viele verschiedene Brandzeichen es gab, das waren ja sicher Tausende! Sie seufzte. Egal, da musste sie jetzt durch.

In den nächsten Stunden arbeitete sie sich durch den kompletten Bücherstapel. Vor ihren Augen begannen die zahllosen Zeichen zu verschwimmen: Buchstaben, Linien, Halbkreise, Muster … Aber nirgendwo das geheimnisvolle Symbol, das sie suchte.

Genervt schlug Mika irgendwann das letzte Buch zu. »Okay, war 'ne blöde Idee«, murmelte sie. Mit einem Gähnen ließ sie ihren Kopf auf die Schreibtischplatte sinken und starrte auf die Regalreihe vor sich. Ihr Blick fiel auf ein schmales weinrotes Bändchen mit goldenen Buchstaben. Es musste aus dem Stapel gerutscht sein. Mika lief zum Regal und nahm es heraus. »Rasse- und Gestütsbrände Spaniens« stand auf dem Buchdeckel. Aus irgendeinem Grund begann ihr Herz schneller zu schlagen. Sie setzte sich wieder und blätterte durch die vergilbten Seiten. Und plötzlich sprang ihr die gezackte Blüte mit den Wellenlinien darunter in die Augen. »Die Silberdistel von Ora«, las sie flüsternd. »Brandzeichen des gleichnamigen Gestüts in der Provinz Cádiz, Andalusien.« Weiter unten auf der Seite befand sich eine Bleistiftzeichnung von dem Gestütsgebäude, einem herrschaftlichen Anwesen. Und da stand noch etwas: »Ora ist einer der letzten Orte, an dem Pferde wild leben.«

Mika ließ das Buch sinken und saß einen Moment reglos da. Ora. Wildpferde. Das klang aufregend und geheimnisvoll. Und es musste eine Verbindung zu diesem Ort geben, denn Ostwind trug dieses Brandzeichen. Entschlossen klappte sie das Buch zu. Dorthin musste sie. Vielleicht würde sie dort Antworten finden – und einen Weg raus aus dem Wald.

Die Reitstunden am Nachmittag schwänzte Mika. Mit einem gemurmelten »Ich fühl mich nicht so gut« verschwand sie in ihrem Zimmer. Es konnte losgehen. Sie zerrte ihren alten Seesack vom Schrank und begann, wahllos Klamotten hineinzustopfen: Wollpullis, Winterjacke, Schal, Handschuhe.

Dann hielt sie inne. Moment, war es in Spanien nicht wärmer als hier? Sie schaltete ihr Laptop ein, tippte »Andalusien« in die Suchmaske und öffnete gleich die erste angezeigte Webadresse. »Willkommen in Andalusien« stand ganz oben auf der Seite. Darunter ein Bild von einem Traumstrand. Rechts oben in der Ecke wurde die aktuelle Tagestemperatur von Sevilla, Andalusiens Hauptstadt, angezeigt: 36 Grad, leuchtete es in Knallrot. Puh, das war nicht warm, sondern brütend heiß.

Mika leerte den Seesack wieder aus. Besser konnte sie dort wohl T-Shirts, kurze Jeans und eine Taucherbrille gebrauchen. Was noch? Futter für Ostwind, fiel ihr ein. Sie warf einen Blick aus dem Fenster. Es dämmerte schon, viel würde auf dem Hof nicht mehr los sein. Mika schlich in den Stall, füllte Hafer und Äpfel ab und verstaute beides in einer ledernen Satteltasche.

Endlich war alles fertig gepackt. Jetzt brauchte sie nur noch Geld. Ihre Spardose, ein altmodisches Plastikradio, war ziemlich voll. Neulich hatte ein Fünf-Euro-Schein kaum noch reingepasst. Ohne Zögern ließ sie ihren Turnschuh auf das Plastikgehäuse sausen. Scheine flatterten durcheinander und Münzen rollten heraus. Mika nickte zufrieden. Das musste reichen.

Dann schnappte sie sich ihr Handy und suchte die Route nach Cádiz. Als sie die Streckenlänge sah, musste sie schlucken. Über 2000 Kilometer! Wie lange brauchte man dafür wohl zu Pferd? Ziemlich lange, soviel war klar. Ihre Oma, Herr Kaan und natürlich ihre Eltern würden sich zu Tode sorgen, wenn sie wochenlang ohne ein Wort verschwinden würde. Sie musste ihnen erklären, was sie vorhatte. Aber schriftlich. Sonst würde es endlose Diskussionen geben, und am Ende würden sie ihr die Reise garantiert verbieten.

Mit Block und Stift setzte Mika sich aufs Bett und begann zu schreiben. Drei Stunden und etliche zerknüllte Versuche später waren die Briefe fertig. Sorgfältig malte sie in Blockbuchstaben die Namen der Empfänger darauf: OMA, HERR KAAN, SAM. Sie stellte die Briefe gut sichtbar nebeneinander auf ihre Kommode. Der letzte Brief war für Milan. Sie hatte ein schlechtes Gewissen, weil sie ihren Freund nicht in ihre Pläne einweihte. Aber das hier musste sie allein durchziehen. Wenigstens den Brief wollte sie noch in sein Zimmer bringen.

In der Dunkelheit kletterte Mika durch das offene Fenster in Milans Zimmer. Ihr Freund atmete tief und regelmäßig. Behutsam legte sie den Brief auf den Nachttisch. Für einen Moment betrachtete sie den schlafenden Milan und strich ihm zart über die Wange. Sie wusste jetzt schon, dass sie ihn vermissen würde. Vorsichtig angelte sie eines seiner Kissen aus dem Bett und drückte ihre Nase hinein. Das würde sie mitnehmen. So hatte sie wenigstens irgendwas von ihm dabei.

Leise tappte sie zurück zum Fenster. Dass Milan in diesem Moment die Augen öffnete, bemerkte sie nicht.

Im Stall war es dunkel. Mika machte nur das kleine Licht vor der Sattelkammer an, nachdem sie Ostwind in der Stallgasse angebunden hatte. Mit geübten Handgriffen legte sie den Fellsattel auf seinen Rücken und zog den Gurt an. Dann hob sie den Seesack hoch, an den sie Milans Kissen gebunden hatte.

»Abschied schreibt man übrigens mit ie«, sagte eine Stimme hinter ihr.

Mika fuhr herum. An einer der Boxen lehnte Milan. In der Hand hielt er den Brief. Mika biss sich auf die Lippen. War er jetzt sauer?

»Tut mir leid«, stammelte sie. »Ich wollte nur … ich muss …«

Milan faltete den Brief zusammen und kam näher. Auf seinem Gesicht erschien ein Lächeln. »Hey, ich find's gut. Ich will nur nicht, dass du nachts reitest.« Er nahm Mika den Seesack ab und warf ihn sich über die Schulter. »Deshalb habe ich mir gedacht, ich begleite dich ein Stück. Wo geht's denn hin?«, fragte er im Loslaufen.

»Äh, nach Andalusien.«

Milan blieb stehen, drehte sich um und starrte sie an. »WAS? Weißt du, wie weit das ist?«

»Nur bis ans Meer?« Bittend sah Mika ihn an.

Milan schwieg einen Moment. Dann grinste er. »Okay. Bis ans Meer.«

Der Jeep mit dem Pferdeanhänger rollte über einsame Landstraßen. Milan saß am Steuer, Mika hatte es sich auf dem Beifahrersitz bequem gemacht. Ostwind war bereitwillig in den Anhänger gestiegen. Fast hatte es so ausgesehen, als hätte er nur darauf gewartet. Jetzt stand er hinten ganz ruhig, kein Mucks war von ihm zu hören. Wahrscheinlich fraß er sich selig durch das gut gefüllte Heunetz, das Mika ihm für die lange Fahrt hineingehängt hatte.

Auf den Straßen war kaum Verkehr. Die Lichter des Jeeps schnitten durch die tintenblaue Nacht. Mika sah Milan von der Seite an. Sah wieder weg. Was dachte er wohl? Hielt er sie für verrückt?

»Und du weißt wohin?«, fragte Milan jetzt.

Mika zeigte ihm ihr Handy. »Alles hier drin. Fanny wäre so stolz!«

Die Freundin war vorgestern für ihr Austauschjahr nach Paris abgerauscht, wild entschlossen, endlich ihre Bildungslücken in Sachen Mode, Kultur und gutem Essen zu schließen. Mika gönnte es ihr, aber gerade vermisste sie Fanny schrecklich. Fanny war ein Organisationsgenie – sie hätte die Reise in Nullkommanichts perfekt für sie durchgeplant.

Eine Weile fuhren sie schweigend dahin.

»Ich will sehen, wo Ostwind herkommt«, sagte Mika schließlich. »Und ... « Sie brach ab.

»... rausfinden, wo du hingehörst?«, vollendete Milan ihren Satz.

Mika lächelte. Milan verstand sie so gut, zwischen ihnen waren nie viele Worte nötig. Schläfrig kuschelte sie sich an seine Schulter. »Glaubst du, man gehört überhaupt irgendwohin?«

Milan blickte konzentriert auf die Straße. »Ich glaube, man gehört dahin, wo man ist.« Für einen Moment legte er seine Wange an ihren Kopf. »Schlaf ruhig.«

Mika fielen fast die Augen zu, aber sie blinzelte noch einmal energisch. »Quatsch. Ich bin hellwach!«

Als Mika das nächste Mal blinzelte, war es draußen schon hell. Nein, nicht hell, sondern strahlend sonnig! Mit einem Ruck setzte Mika sich auf. »Ich bin wohl kurz eingenickt.« Milan grinste und deutete mit dem Kopf aus dem Seitenfenster. Das Meer! Sie waren da! Mikas Herz machte einen Purzelbaum.

Milan parkte den Jeep direkt am Strand. Sand und Wasser, so weit das Auge reichte. Keine Menschenseele war so früh schon unterwegs. Hinter ihnen säumten mit Seegras bewachsene Dünen und felsige Klippen den Strand.

Ostwind trat mit geblähten Nüstern aus dem Hänger und sog die salzige Luft ein. Nur das gleichmäßige Rauschen der Wellen und das Kreischen von ein paar Möwen waren zu hören.

Milan legte den Fellsattel auf Ostwinds Rücken und befestigte dahinter den Seesack. Mika betrachtete seine geschickten Hände. Plötzlich wollte sie ihren Freund nicht mehr gehen lassen.

»Komm mit«, bat sie.

Milan schüttelte den Kopf. »Ich muss zurück zu 34.«

Alarmiert sah Mika ihn an. »Warum? Was ist mit ihr?«

Ihr Freund lächelte und winkte ab. »Mach dir keine Sorgen.« Er zeigte in die Ferne. »Alles, was für dich jetzt wichtig ist, ist da drüben. Dein Abenteuer wartet.«

Ja, aber es konnte auch noch etwas länger warten. Mika trat nahe zu ihm hin. »Komm mit«, flüsterte sie in sein Ohr.

Aber Milan blieb hart. »Manche Dinge muss man alleine machen.« Er nahm ihren Kopf in beide Hände und küsste sie auf die Stirn.

Mika zögerte immer noch. Sie konnte sich einfach nicht trennen.

Auffordernd hielt Milan ihr seine verschränkten Hände hin. »Na los.« Mit einer Räuberleiter half er ihr auf Ostwinds Rücken. Geübt saß Mika auf. Dann beugte sie sich vor und gab Milan einen langen Kuss. Zu lange für Ostwinds Geschmack. Er wurde ungeduldig und marschierte los. Endlich lösten sich ihre Lippen. Mika ritt davon. Ihre langen Haare flatterten in der Meeresbrise.

»Und Mika«, rief Milan ihr nach.

Sie drehte sich um.

Grinsend hob er die Hand. »Wiedersehen schreibt man auch mit ie.«

3. Kapitel

Als Mika am Strand entlangritt, überkam sie ein Gefühl grenzenloser Freiheit. Ostwind schien es ähnlich zu gehen, denn er fiel von selbst in einen weichen Galopp. Er wurde schneller und schneller, und irgendwann flogen sie nur so über den weichen Sand, neuen, unbekannten Zielen entgegen.

Ein kleiner Hafen mit Fischkuttern kam in Sicht. Zusammengerollte Netze lagen in großen Haufen auf der Kaimauer, es roch nach Salz und Schlick. Aufs Geratewohl fragte Mika einen der Fischer, ob er nach Cádiz fahren würde. Der alte Mann mit dem knittrigen Gesicht verstand wohl nur »Cádiz« und nickte gutmütig.

Kurz darauf stand sie mit Ostwind an Deck eines kleinen Schiffs vorne am Bug – wie im Film Titanic. Leicht besorgt betrachtete Mika die rostige Reling. Der Kahn würde ja hoffentlich nicht untergehen. Eisberge gab es hier jedenfalls nicht, da war Mika sich sicher. Inzwischen war es so warm, dass sie nur noch ein T-Shirt trug.

Ostwind ertrug tapfer das Schaukeln des Kutters und ließ sich den Wind um die Nase wehen.

Mika nestelte ihr Handy aus der Tasche. Dieser Augenblick musste festgehalten werden. Sie streckte ihren Arm so weit wie möglich aus, um ein Selfie mit Ostwind zu machen, aber der Hengst drehte immer wieder im entscheidenden Moment den Kopf weg. Plötzlich klingelte es: ein Facetime-Anruf von Fanny. Konnte die Freundin Gedanken lesen?

»Fanny«, rief sie atemlos. Auf dem Display erschien ihre Freundin, in einem schemenhaften Halbdunkel. Mika kniff die Augen zusammen und hielt das Handy näher. »Wo bist du denn?«

»Im Kleiderschrank«, kam die gepresste Antwort. »Ich hab gerade 'ne zweistündige French-Maniküre über mich ergehen lassen müssen!« Zum Beweis hielt sie ihre Hand mit beeindruckend weißen Nägeln in die Kamera. »Die sind verrückt, diese Französinnen! Aber mich kann die lange suchen.« Doch im Hintergrund erklang schon gedämpftes Rufen: »Fääännyyy? La pédicure! Fääännnyyy!« Fanny drückte sich an die Wand des Schranks. »Oh Gooott.« Erst jetzt bemerkte sie auf ihrem Laptop das Meer hinter Mika. Ihre Augen wurden groß. »Moment! Wo bist DU denn?«

Mika grinste. »Auf 'nem Schiff. Nach Cádiz. Andalusien.« Sie schwenkte ihr Handy zur Seite.

Fanny sah das Meer, dann einen schwarzen Pferdekopf und eine zweifarbige Mähne. »Ist das Ostwind?«

Mika strahlte. »Jep! Wir fahren nach Ora! Abenteuer! Guck mal!« Sie lehnte sich über die Reling, um die Küste im Hintergrund zu filmen. Das Bild wackelte. Mika streckte den Arm aus – und in diesem Moment rutschte ihr das Handy aus der Hand. Samt Fannys erstauntem Gesicht verschwand es in der sprudelnden weißen Gischt.

Fanny in ihrem Kleiderschrank starrte auf den Bildschirm. Luftblasen in türkisfarbenem Wasser, sonst nichts. Es rauschte und knackte. »Mika?«, rief Fanny besorgt.

In diesem Moment wurde die Schranktür aufgerissen. Claudette, ihre nervige Gastschwester, blickte sie triumphierend an. Mit ihren lilafarben lackierten Fingern hielt sie ihr schwarzes Schoßhündchen umklammert. »Fänny!«, näselte sie vorwurfsvoll. »Je l'ai trouvé!«

Mit einem gequälten Lächeln winkte Fanny zu ihr hoch. »Bonjour!«

Mika starrte über die Reling in das schäumende Wasser. So ein Mist. Jetzt konnte sie nicht mal mehr jemanden anrufen. Tröstend stupste Ostwind sie an die Schulter. Mit einem Seufzen streichelte sie über seinen Hals. Als sie aufblickte, sah sie vor sich einen hellen Streifen aus dem Dunst auftauchen. Im Näherkommen wurde das Panorama einer weißen Hafenstadt sichtbar. Das Handy war vergessen. »Spanien«, flüsterte Mika.

Kurz darauf schob sich die rostige Gangway des Kutters knirschend auf den Sand. Mika nahm Ostwind am Zügel, und mit polternden Hufschlägen stapfte der Hengst über die metallene Rampe auf weichen Sand. Unten schnaubte und schüttelte er sich. Er schien froh, das schwankende Schiff verlassen zu haben.

Mika ist genervt von Frau Düsenberg-Oldermann.

»Davon träume ich jede Nacht.«

Mika und Milan verabschieden sich schweren Herzens voneinander.

Mika telefoniert mit Fanny, kurz bevor sie ihr Handy verliert.

In Andalusien angekommen, muss sich Mika erst einmal orientieren.

Ob Mika Ora jemals finden wird?

Noch weiß Mika nicht, was es mit der Hacienda Monte Sabio auf sich hat.

Was ist wohl am Ende des Zauns?

Mit Anlauf in die Wasserquelle.

»Wo sind Calima und ihr Fohlen?«

Mika erkennt die Blume aus ihrem Traum: die Silberdistel von Ora

»Das hier ist Ora!«

Mika und Sam müssen schnell zurück zur Hacienda.

Mika entdeckt die Absperrbänder an der Quelle.

Tara versteht die Sprache der Pferde, genau wie Mika.

Die Herde vertraut Mika.

Auch Mika war glücklich. Sie waren da. Von einem Stein aus schwang sie sich auf Ostwinds Rücken und ritt auf die malerische Stadt zu.

Direkt hinter dem Strand tauchten sie ein in die verwinkelten Gassen der Altstadt. Es ging vorbei an kleinen Läden, gut besuchten Straßencafés und über einen großen Platz mit Palmen, auf dem die Menschen in der Sonne saßen. Die alten herrschaftlichen Häuser rundherum waren weiß oder hellgelb gestrichen. Bunte Blumen leuchteten überall aus kleinen und großen Kübeln. In den Hauseingängen erhaschte Mika immer wieder einen Blick auf prächtig gekachelte Eingangsflure.

Die Menschen ringsum schienen sich nicht großartig über das Mädchen auf dem Pferd zu wundern. Was wiederum Mika wunderte. Ritt man hier öfter durch die Stadt?

An einer Straßenecke saß ein alter Mann mit Schiebermütze und flocht Körbe. Mika beschloss, ihn nach dem Weg zu fragen. Irgendwie musste sie aus dem Stadtzentrum herausfinden. Hier gab es garantiert kein Gestüt. Sie fummelte ein Wörterbuch aus ihrer Satteltasche.

»Ähm«, begann sie stockend. »Donde, äh, Ora Ranch?« Verdammt, sie hätte sich auf YouTube ein paar Spanisch-Sprachkurse anschauen sollen.

Doch der Mann nickte verständnisvoll. Dann legte er los. Ratternd wie ein Maschinengewehr und wild gestikulierend ließ er eine langatmige Erklärung vom Stapel. Mika verstand kein Wort. Auch Ostwind legte fragend den

Kopf schief. Mika ließ sich nichts anmerken. Sie nickte freundlich, bedankte sich und wendete den Hengst. Im Wegreiten beugte sie sich vor und flüsterte in Ostwinds Ohr:»Der hat genuschelt, oder?«

Bei einer Gemüsehändlerin startete sie einen erneuten Versuch.

»Ora? Äh … Ranch?«

Die Frau nickte heftig.»Naranja? Orange?«

»Sí! Sí! Ora Ranch!«, erwiderte Mika begeistert.

Die Gemüsefrau deutete auf eine Kiste mit Orangen. Ein Schild verkündete:»ORANGES/NARANJAS.« Fragend blickte die Frau sie an.»Quantos?«

Mika verzog den Mund. Nein, sie suchte keine Orangen, sondern Pferde.

»Okay. Das wird so nichts«, seufzte sie und führte Ostwind am Zügel durch die belebten Straßen. Angestrengt dachte sie nach. Reden konnte sie mit den Spaniern schon mal nicht. Und mit Zeichensprache kam sie auch nicht wirklich weiter. Da entdeckte sie einen kleinen Kiosk. Davor stand ein Drehständer, in dem neben zahllosen Postkarten auch Landkarten steckten. Mika durchforstete das Angebot. Triumphierend zog sie schließlich eine Karte mit Wanderstrecken rund um Cádiz heraus. Das war genau das, was sie suchte.

Als sie mit einem Fünf-Euro-Schein bei dem lockigen Verkäufer bezahlen wollte, sah der sie zweifelnd an und deutete hinter sie. Mika drehte sich um. Ostwind hatte das Blumenangebot inspiziert und zielsicher einen Kübel mit schmackhaften Haselnusssträuchern entdeckt. Aus seinem Maul ragten noch ein paar Blätter, das restliche Grünzeug lag in einer Pfütze neben dem umgestoßenen Kübel. Seufzend drückte Mika dem Verkäufer einen Zehn-Euro-Schein in die Hand.

Mit der auseinandergefalteten Karte in den Händen irrte Mika noch eine Weile weiter auf Ostwinds Rücken durch die Gassen. Reiten und Kartenlesen waren eindeutig Dinge, die man schlecht gleichzeitig tun konnte. Immer wieder wehte ihr eine Böe vom Meer die Karte ins Gesicht, sodass sie überhaupt nichts mehr sah. Mega unpraktisch, fand Mika. Warum hatte das blöde Ding keine Navi-Funktion?

Irgendwann fand sie aber doch aus der Stadt hinaus. Je weiter sie sich vom Zentrum entfernten, desto schöner wurde die Landschaft. Die flache Ebene wandelte sich zu Hügeln, die mit wilden Olivenbäumen, mächtigen Steineichen und menschengroßen Kakteen bewachsen waren. Langes Steppengras wogte sanft im Wind. Die Sonne schien immer wärmer vom Himmel, und es duftete intensiv nach Kräutern. Ostwind schnaubte entspannt, ihm schien der Ritt zu gefallen.

Vor sich hinträumend betrachtete Mika die Gegend. Fast fühlte sie sich wie im Wilden Westen. In der Ferne standen felsige Berge in einer weiten, hügeligen Steppe. Auch das Dorf, das sie kurz darauf erreichten, wirkte wie aus einem Westernfilm entsprungen. Es gab keine Straßen, nur breite Sandwege. Daneben niedrige weiße Häuser mit hölzernen Vordächern und Anbindebalken für Pferde davor.

Staunend ritt Mika durch das menschenleere Dorf. War jetzt High Noon? Würde sie gleich jemand zum Duell fordern? Leider hatte sie ihre Pistolen vergessen. Mika kicherte.

Vor den Stufen einer prächtigen weißen Kirche rutschte sie schließlich erschöpft von Ostwinds Rücken. Sie brauchte dringend eine Pause. Wo war dieses verdammte Ora? Noch einmal studierte sie das weinrote Buch ihrer Großmutter, dann wieder die Karte. Ohne Ergebnis. Frustriert feuerte sie das Buch in den Staub.

»HOOOOO! TONTA! MIERDA!«, schimpfte eine tiefe Stimme. Erschrocken sah Mika auf. Das Buch war direkt vor den Hufen eines Pferdes gelandet, das sich vor dem Wurfgeschoss aufbäumte. Ein spanischer Cowboy klammerte sich am Sattel fest. Mit seiner kurzen hellen Jacke und der Weste darunter wirkte er fast vornehm. Die gerade Krempe seines flachen Huts warf einen Schatten über sein wettergegerbtes Gesicht.

Mika sprang auf. »Entschuldigung«, rief sie.

Der Cowboy musterte sie von oben bis unten. Dann erstrahlte sein furchiges Gesicht in einem breiten Lächeln. »Deutsch? Ja, so was!«

Kurz darauf saßen Mika und der Cowboy gemeinsam an einem Pferdetresen – einem erhöhten schmalen Tisch aus rohen Holzbalken, an den man sich seitlich mit dem Pferd stellen und dann vom Sattel aus etwas trinken konnte. Der Cowboy hatte sich einen Espresso bestellt und »zur Feier des Tages«, wie er sagte, eine Zigarillo angezündet.

»... und in Friedrichshafen am schönen Bodensee«, erzählte er gerade weitschweifig, »da hab ich die besten Spätzle der Welt gegessen. Aber zu Spätzle braucht man eine gute Soße, am besten eine von einem Sauerbraten.« Genießerisch schloss er die Augen, führte zwei Finger zum Mund und machte ein Kussgeräusch.

Mika hing halb auf dem Tresen und lauschte gelangweilt seinem Monolog. Spätzle und Sauerbraten würden ihr hier ganz sicher nicht weiterhelfen. Sie richtete sich gerade im Sattel auf. »Es war sehr nett«, unterbrach sie den Cowboy, »aber wir müssen jetzt wirklich weiter.«

Der Cowboy wirkte enttäuscht. Offenbar hatte er schon lange niemandem mehr von seiner Heimat vorschwärmen können. »Wohin soll's denn gehen, Chica?«, fragte er.

Sollte sie es ihm sagen? »Nach Ora«, antwortete Mika zögernd.

Dem Cowboy fiel fast sein Zigarillo aus dem Mund. Versonnen lehnte er sich im Sattel zurück. »Ora? Das habe ich ja eine Ewigkeit nicht mehr gehört.«

Mika sah ihn hoffnungsvoll an. »Sie kennen das?« Jippieh, dann würde er ihr sicher den Weg zeigen können!

Der Mann nickte bedächtig und blies eine Rauchwolke in die Luft. »Chica, jeder Andalusier, der Pferde liebt – also jeder Andalusier – kennt das Rennen von Ora. Die schnellsten und wildesten Pferde aus ganz Spanien kamen dafür zusammen.« Seine Augen unter den buschigen Brauen begannen zu leuchten. »Es hieß, das Pferd, welches das Rennen von Ora gewinnt, sei die Seele Andalusiens.« Er seufzte. »Aber wie so viele der alten Traditionen haben wir auch diese aufgegeben.«

Mika, die ihm atemlos zugehört hatte, sank in sich zusammen. »Das heißt, es gibt Ora nicht mehr?«

Der Cowboy schüttelte den Kopf. »Chica, es tut mir leid, aber für das Rennen bist du ungefähr dreißig Jahre zu spät.« Wehmütig lächelnd wendete er sein Pferd. »Aber die Rennstrecke, die verlief irgendwo ein paar Kilometer nördlich von hier.«

»Irgendwo?«, rief Mika. »Geht das ein bisschen genauer?«

Der Cowboy lachte und hob im Wegreiten grüßend die Hand. »Viel Glück, Chica.«

Links und rechts erhoben sich mächtige Felswände. Auf dem schmalen Pfad dazwischen schlängelte sich Ostwind mit Mika auf dem Rücken geschickt um Steine und Geröllbrocken. Mika sah hoch. Wenn sich jetzt irgendwo da oben ein Felsenstück löste, waren sie platt wie Briefmarken. Ausweichen konnten sie nicht. Nachdem Ostwind einen weiteren Felsen umrundet hatte, öffnete sich eine schier endlose Ebene vor ihnen. Mika legte die Hand über die Augen und spähte in die Ferne. Das bleiche Steppengras raschelte im warmen Wind, im Hintergrund duckten sich kugelige Bäume vor schroffen Felsen.

Langsam ritt Mika über die weite Ebene bis zum Fuß der Berge. Etwas an diesem Ort war seltsam. Der knorrige Baum dort: Zeigten seine Äste nicht wie Finger auf sie? Und da – was knackte dort im Unterholz? Mika hatte das unbestimmte Gefühl, beobachtet zu werden. Doch immer wenn sie glaubte, etwas zu sehen, war es schon wieder weg.

Ostwinds Ohren zuckten unruhig. Auch er schien es zu spüren – den Geist von etwas.

Mika war froh, als ein prächtiges weißes Zufahrtstor vor ihnen auftauchte, offensichtlich der Eingang zu einer menschlichen Behausung.»Hacienda Monte Sabio« stand über dem Torbogen, die Buchstaben waren auf hübsch verzierte Kacheln gemalt. Eine Hacienda war ein Landgut, so viel wusste Mika. Sie ritt durch das Tor, dessen Flügel weit offen standen. Dahinter führte ein langer, gewundener Weg hügelaufwärts. Oben erhob sich ein viereckiger Turm aus Lehm neben einem weißen Haus. Ob die Leute dort etwas über Ora wussten?

Vor der Hacienda erwartete sie wieder ein geöffnetes Tor, diesmal aus grünem Metall, verziert mit Reihen großer Nägel. Mika sprang ab. Der menschenleere Innenhof war mit Kopfstein gepflastert und sauber gefegt. Zypressen und Olivenbäume, sorgfältig gestutzt, spendeten Schatten. Das weißgestrichene Gebäude mit den grünen Fensterläden und Türen musste das Wohnhaus sein. Sie führte Ostwind weiter. Hinter der nächsten Ecke öffnete sich ein größerer sandbedeckter Hof. Dahinter lag ein niedriges Gebäude mit blaugestrichenen Türen. Waren das Stallungen? Jedenfalls lagen auf Böcken davor Westernsättel in der Sonne. Und gegenüber, in einem überdachten Gang mit Rundbögen, hingen Halfter an verzierten Eisenhaken. Hier musste es Pferde geben. Dafür sprach auch der Jeep mit dem klapprigen Pferdeanhänger, der mit herabgelassener Rampe auf dem Hof parkte.

Mika ging näher heran. Was war das für ein Zeichen auf der Hängerseite? Vorsichtig fuhr sie mit den Fingern über das verwitterte weiße Symbol auf dem roten Hintergrund. Kein Zweifel: Das war die fünfzackige Blüte, die Silberdistel von Ora!

»He! Qué estás haciendo«, fuhr eine unfreundliche Stimme sie an.

Ertappt drehte Mika sich um. Vor ihr stand eine Person mit einer tiefsitzenden Schirmmütze, unter der kurze dunkle Haare hervorlugten. Ein kariertes Arbeitshemd, eine Lederweste und schmutzige schwarze Jeans vervollständigten den Look.

»Lo que mirar«, schnauzte die Person.

»Du bist ein Mädchen«, erkannte Mika erstaunt, als das Cowgirl näherkam.

Das Mädchen, das ungefähr in ihrem Alter sein musste, zog drohend die Augenbrauen zusammen. »Bravo, Sherlock. Ja, bin ich.«

»Du kannst Deutsch«, sagte Mika noch verblüffter.

40

Das Mädchen verdrehte die Augen. »Doppelbingo!« Sie drehte sich um, bückte sich und wühlte in einer alten Holzkiste, die in dem überdachten Gang stand. »Wo hast du so lange gesteckt?«, rief sie in Mikas Richtung. »Wir warten schon seit 'ner Woche auf dich!«

Mika klappte die Kinnlade runter. »Warten? Auf mich?« Ihr Gesichtsausdruck war wahrscheinlich nicht besonders intelligent.

Das Mädchen richtete sich mit einem Bündel in den Händen auf und schüttelte resigniert den Kopf. »Oh Mann. Warum habt ihr Work-and-Travel-Leute eigentlich alle so 'ne Schraube locker?«

»He!«, protestierte Mika. »Ich hab keine Schraube locker, okay?«

Das fremde Mädchen knallte ihr einen Stapel staubiger Arbeitsklamotten in den Arm.

»Work und was?«, stammelte Mika.

Das Mädchen seufzte, rückte sich die Mütze zurecht und sah Mika an, als hätte die nicht alle Tassen im Schrank. »Also, noch mal ganz langsam, damit du auch mitkommst.« Sie grinste spöttisch. »Du bist doch Sonja, oder? Du kommst aus Deutschland, wie wir, und willst hier mitarbeiten?«

Mika starrte das burschikose Mädchen an. Dann machte es Klick in ihrem Kopf.

»Genau«, sagte sie, plötzlich strahlend. »Ich bin Sonja! Und du bist?«

»Sam«, kam die knappe Antwort.

Mika glotzte nur. Dann prustete sie los. »Echt jetzt?« Durften auf Reiterhöfen nur Leute mit diesem Namen arbeiten?

»Hast du 'n Problem?« Drohend kam das Mädchen auf sie zu.

Mika wich zurück und schluckte ihr Lachen herunter. »Gar nicht«, beeilte sie sich zu sagen. »Schöner Name.« Dabei spürte sie schon wieder ein Kichern in sich hochsteigen. Zum Glück wendete Sam sich jetzt zum Gehen. Mit dem Kopf bedeutete sie Mika, ihr zu folgen.

»Siehst gar nicht aus wie 19«, meinte sie noch.

Mika zuckte mit den Schultern. »Ich bin klein für mein Alter.« Das war natürlich ein Scherz. Sie überragte das Mädchen um mindestens einen Kopf.

Sam erwiderte nichts, sondern marschierte stumm voran. Vor einer kleinen Backsteinbaracke blieb sie stehen. »Klo ist draußen. Arbeitsbeginn ist um sieben, Essen um halb zwölf und um acht«, ratterte sie. »Noch Fragen?«

»Äh, kann ich hier irgendwo telefonieren?«, fragte Mika.

Sam öffnete die Holztür. »Ich weiß nicht, kannst du?«

Verdattert sah Mika das Mädchen an. War das ihr Ernst? Die hatte ja wohl selbst eine Schraube locker, und zwar eine große.

Zögernd trat Mika ein.

»Dann mach's dir mal gemütlich.« Mit verschränkten Armen lehnte Sam sich an den Türrahmen.

Es dauerte einen Moment, bis Mika sich an das

schummrige Halbdunkel gewöhnt hatte. Sie sah sich um: ein wackliger Tisch, ein Stuhl, eine Hängematte und ein Stockbett. Auf der Küchenzeile türmte sich dreckiges Geschirr.

Sie spürte förmlich Sams spöttischen Blick im Rücken. Mit einem extrabreiten Lächeln drehte sie sich um.»Danke. Traumhaft!«

Nachdem Mika sich umgezogen hatte, versorgte sie zuerst Ostwind. Sam zeigte ihr eine leere Box, die Mika großzügig mit Stroh auslegte. In aller Ruhe sattelte sie Ostwind ab und rieb mit einem feuchten Schwamm über seinen verschwitzen Rücken. Dann gab sie ihm einen Berg Heu, an dem Ostwind sofort zu knabbern begann. Mika drückte ihm einen Kuss auf die Nase. Sie würde später noch mal nach ihm sehen, jetzt musste sie unbedingt den Hof erkunden.

Nicht weit entfernt lag ein großer Reitplatz, auf dem ein Spanier trainierte. Neugierig ging Mika näher. Der Reiter hielt eine lange Stange in der Hand, deren Spitze bis auf den Boden reichte. Geschmeidig galoppierte er mit seinem Pferd unter der Stange hindurch, ließ es darum herumlaufen und auf der Stelle wenden. So etwas hatte Mika noch nie gesehen. Es wirkte, als würden Pferd und Reiter miteinander tanzen.

Sie konnte sich kaum losreißen. Zögernd ging sie schließlich weiter. Auf dem Hof vor den Stallungen arbeitete ein Trainer mit einem Pferd an der Hand. Auch sie bewegten sich harmonisch im gleichen Rhythmus, bis der Reiter mit der Gerte ein Kommando gab und das Pferd eine vollendete Kapriole sprang. Dieses Ausschlagen mit beiden Hinterbeinen gleichzeitig hatte Mika bisher nur in Büchern gesehen.

Ihr schwirrte der Kopf. Das hier war so anders als der Betrieb auf Kaltenbach.

Viel Zeit zum Nachdenken blieb nicht. Sam rief nach ihr, sie musste beim Abladen von Strohballen helfen. Mühelos warf Sam einen Ballen nach dem anderen von dem hoch bepackten Anhänger zu ihr runter. Mika beeilte sich, sie wegzuschaffen, aber die Biester waren verdammt schwer. Ein paarmal hätte Sam sie fast mit einem Ballen getroffen. Stirnrunzelnd sah Mika zu ihr hoch. Sie hatten wohl nicht den besten Start erwischt ...

Etwas hüftsteif betrat Mika zwei Stunden später die große Küche im Wohnhaus. Über einer gemauerten Feuerstelle stand eine riesige Paellapfanne auf einem Metallständer. Ein halbes Dutzend Arbeiter saß um einen langen Holztisch und redete in rasantem Tempo auf Spanisch miteinander. Als sie Mika bemerkten, erstarb die Unterhaltung. Alle Blicke folgten ihr. Unsicher hob Mika die Hand. »Ola, äh, alle zusammen.«

Wortlos wendeten die Arbeiter sich wieder um und redeten weiter, als wäre nichts geschehen. Na dann! Mika blieb einen Moment lang unschlüssig stehen. Vor ihr an der Wand mit dem blätternden Putz hingen Fotos in altmodischen Holzrahmen. Die leicht verblichenen Aufnahmen zeigten bunt bemalte Pferde in fliegendem Galopp. Eine schöne junge Frau mit dunklen Haaren auf einem hellbraunen Pferd.

Mika war so fasziniert, dass sie nicht bemerkte, als jemand hinter sie trat.

»Sonja?«

Zuerst reagierte Mika nicht, dann drehte sie sich um. Verwirrt blinzelte sie den breitschultrigen, dunkelhaarigen Mann an. Mit seinem Bart und dem durchdringenden Blick wirkte er Respekt einflößend. Sam stand mit gesenktem Kopf neben ihm.

»Was? Wer?« Shit, sie war ja Sonja. Mika setzte ein Lächeln auf. »Ach so, ja!«

»Ich wollte dich willkommen heißen.« Der Mann streckte ihr seine Pranke hin. Mika schüttelte sie. Sein Griff war so fest, dass sie einen Schmerzenslaut unterdrücken musste.

»Ich bin Pedro, der Patron hier. Meine Tochter Samantha hast du schon kennengelernt?«

Mika musste grinsen, als sie Sams vollen Namen hörte. Doch die funkelte sie böse an.

»Ja«, Mika nickte eifrig, »Sam … antha.« Dann zeigte sie auf eines der Fotos, auf dem eine junge Frau dicht hinter einem Jüngling auf einem Pferd saß. »Sind Sie das, da auf dem Foto?«

Sams Augen wurden groß. Pedro musterte Mika einen Augenblick lang schweigend.

»Wir haben hier nur wenige Regeln«, sagte er dann mit einem schmalen Lächeln. »Wir reden nicht viel, wir arbeiten hart, wir essen gut.« Er wies zum Tisch hinüber. »Setz dich, wohin du willst.«

Gemeinsam gingen sie zur Tafel hinüber. Pedro zog einen Stuhl heran, und Mika ließ sich ohne Umschweife darauf plumpsen. »Si. Grazie.« Sie grinste in die Runde, doch etwas stimmte nicht. Die Arbeiter starrten sie alarmiert an. Einer schüttelte fast unmerklich den Kopf.

Mika beugte sich zu Sam vor. »Das war jetzt italienisch, oder?«, flüsterte sie. »Ich verwechsle das immer.«

Sam rollte nur die Augen und machte ihr mit dem Kopf ein Zeichen, aufzustehen.

Endlich fiel bei Mika der Groschen. Sie saß auf dem Platz des Patrons! Hastig sprang sie auf und setzte sich einen Stuhl weiter. Würdevoll nahm Pedro seinen Platz am Kopfende des Tisches ein. Alle atmeten auf.

»Wie gesagt«, meinte Pedro. »Wir haben hier nur wenige Regeln.«

»Kein Problem«, versicherte Mika, vielleicht etwas zu überschwänglich. »Ich liebe Regeln!«

Wenn Mika gedacht hatte, der Tag würde nach dem Abendessen enden, hatte sie sich gewaltig getäuscht. In der Küche wartete ein riesiger Berg Geschirr, und sie hatte anscheinend die Rolle der lebenden Spülmaschine. Mikas Hände waren aufgequollen und rot, als sie endlich den letzten Teller zum Trocknen abstellte. Da trat Sam neben sie und knallte einen weiteren Stapel Geschirr auf die Anrichte.

»Nächster«, sagte sie mit einem Grinsen.

Mika hätte schreien können. Eine halbe Stunde später kletterte sie endlich mit krebsroten Spülhänden auf das obere Stockbett in ihrer Baracke. Ausziehen und Zähneputzen mussten heute ausfallen, todmüde kippte sie vornüber auf ihr Kopfkissen.

»Ora«, murmelte sie im Einschlafen. »Morgen. Finde ich. Ora.«

4. Kapitel

Eine Pferdeherde sammelte sich im letzten Abendlicht auf einer Anhöhe. Ihre Silhouetten hoben sich schon wie Scherenschnitte vor dem dunkelblauen Himmel ab. Alles war still und friedlich. Plötzlich flammten Autoscheinwerfer auf. Sie beleuchteten die grasenden Tiere – und einige Männer, die am Fuß der Anhöhe auf tänzelnden Pferden saßen und auf etwas zu warten schienen. In ihren Händen hielten sie lange Treibstangen. Die Herde wurde unruhig, die ersten Pferde ergriffen die Flucht. Bald hallte das dunkle Tal von trommelnden Hufen wider. Die Reiter nahmen die Verfolgung auf. Das Trommeln schwoll an, angstvolles Schnauben und Wiehern mischten sich darunter. Jetzt wurde deutlich, was die Männer vorhatten: Sie sonderten ein schwarzes Fohlen von der Herde ab und drängten es vor einer Felswand in die Enge. Immer näher kamen sie, kreisten es ein. Der kleine Hengst wich zurück, doch es gab kein Entkommen. Ein Seil legte sich um seinen Hals. Voller Panik warf sich das Tier zurück …

Mika schreckte aus dem Schlaf hoch. Mit einem Ruck setzte sie sich auf – und knallte im Dunkeln gegen einen der Deckenbalken. »Aua!«

Benommen ließ sie sich auf ihr Kissen zurücksinken.

War das nur ein Traum gewesen? Oder hatte sie tatsächlich angstvolles Wiehern und Hufschläge gehört? Mika lauschte angestrengt. Nein, da war nichts. Leise kletterte sie die Stockbettleiter hinunter. Sie musste zu Ostwind. Die Unruhe wich nicht von ihr.

Im Stall waren nur das gleichmäßige Mahlen von Pferdezähnen und ab und an das Stampfen eines Hufs zu hören. Mika machte kein Licht. Langsam tastete sie sich vor zu Ostwinds Box. Der Hengst stand da und schien zu schlafen. Mika atmete erleichtert auf. Behutsam öffnete sie die Tür. »Tut mir leid, wenn ich dich wecke«, murmelte sie. »Ich hatte schon wieder einen echt blöden Traum.« Sie legte eine Hand auf seinen Hals – und zuckte zurück. Ostwinds Fell war schweißnass. »Hey, du zitterst ja«, flüsterte sie besorgt. Der Hengst schnaubte und drehte seinen Kopf zu Mika. Sie sah das Weiße in seinen Augen aufblitzen.

»Ruhig«, murmelte Mika und strich über seinen Rücken. »War nur ein Traum. Ich bin da.« Sie schlang die Arme um seinen Hals. Langsam ließ Ostwinds Zittern nach.

Mika schloss die Augen. Was war hier los? Irgendetwas stimmte nicht, das spürte sie genau.

Ein Geräusch an der Stalltür ließ sie zusammenfahren. Auch Ostwind riss den Kopf hoch. Mika duckte sich hinter die Holzwand der Box und spähte zwischen zwei Brettern hindurch auf die Stallgasse.

Schritte näherten sich, etwas glühte in der Dunkelheit auf. In der Box gegenüber war ein Poltern zu hören. Schemenhaft erkannte Mika zwei Männer, die ein Pferd festhielten. Es war klein – oder jung. Vor der Boxentür stand Pedro, mit dem Rücken zu Mika. Er verdeckte eine weitere Person.

»Bist du so weit?«, dröhnte Pedros tiefe Stimme durch den Stall.

Er trat zur Seite, und Mika hielt die Luft an: Die verdeckte Person war Sam. Sie stand mit einem glühenden Brandeisen vor dem Pferd, das sich verzweifelt gegen den Klammergriff der Männer wehrte.

»Sam! Das Eisen wird kalt!« Pedros Stimme klang ungeduldig.

Sam machte einen Schritt auf das Tier zu. Mika sah, dass ihre Hand zitterte. Doch es passierte – nichts. Sam stand wie erstarrt. Sekunden verstrichen, dann nahm ihr Pedro das Eisen ab und schubste sie unsanft zur Seite. »Gib her!«

Mit einer schnellen Bewegung presste er die rotglühende Spitze des Eisens in das Fell des Pferdes. Es zischte, dichter Rauch stieg auf, und es roch verbrannt. Ostwind schnaubte angstvoll und wich zurück. Von Samantha kam ein unterdrücktes Schluchzen. Als Pedro das Brandeisen zurückzog, sah Mika für einen Moment klar dessen Form: eine gezackte Blüte und darunter eine Doppelwelle.

Mika schlug sich die Hand vor den Mund. In diesem Moment stürmte Sam aus der Box und rannte über die Stallgasse davon.

Als die Männer fort waren und Ostwind sich beruhigt hatte, wagte auch Mika sich aus der Box. Suchend sah sie sich in der schummrigen Stallgasse um, aber Sam war verschwunden. Mika wollte schon zu ihrer Baracke zurückkehren, als sie draußen ein Schluchzen hörte. Sie folgte dem Geräusch und fand Sam in dem überdachten Gang hinter dem Stall. In Tränen aufgelöst kauerte sie mit angezogenen Knien auf einem Strohballen.

Mika blieb unschlüssig stehen. »Hey«, rief sie leise.

Sams Kopf schnellte hoch. »Du? Hau bloß ab!« Ein Striegel, der auf dem Ballen gelegen hatte, kam geflogen und landete neben Mika auf dem Boden.

Mika sprang zur Seite. »Sag mal, spinnst du?« Sie kam näher und baute sich vor Sam auf. »Was läuft hier eigentlich? Was habt ihr mit dem kleinen Pferd gemacht?«

»Das geht dich gar nichts an«, fauchte Sam zwischen zwei Schluchzern. »Verschwinde!«

»Das geht mich nichts an?« Langsam wurde Mika wütend. »Und ob mich das was angeht! Wahrscheinlich habt ihr das mit meinem Pferd genauso gemacht. Und er hat es nie vergessen!« Mittlerweile brüllte sie fast. »Und ich bringe ihn ausgerechnet hierher zurück! Weil ich dachte ... ich dachte ...« Mikas Stimme brach.

Samantha sah sie erschrocken an. »Hey, Sonja ...«

Müde ließ Mika sich neben sie auf den Strohballen fallen. »Ich heiße nicht Sonja.«

Und damit begann ein längeres Gespräch zwischen den beiden Mädchen.

»Und du kommst den ganzen Weg hierher, nur wegen dem Brandzeichen?«, fragte Sam schließlich.

Mika seufzte. So genau wusste sie ja selbst nicht, wonach sie suchte. »Wir mussten aus dem Wald. Zu viele Bäume.«

Sam sah sie verwirrt an. »Ah, jetzt ist alles klar.« Mika meinte deutlich »Schraube locker« auf ihrer Stirn lesen zu können.

Sie schwiegen einen Moment.

»Was war da vorhin los?«, wollte Mika wissen.

Sam wandte den Blick ab. »Ich hab mal wieder versagt, das war los!«

»Du konntest ihm nicht wehtun. Das ist doch okay«, fand Mika.

Hitzig fuhr Sam sie an: »Das ist nicht okay! Pferde sind unser Geschäft. Und das läuft nicht gut.« Über ihr streckte ein Pferd seinen Kopf aus dem Boxenfenster und strich mit seiner Nase sanft über Sams Haar. Ein Lächeln huschte über ihr Gesicht. »Mein Vater hat es schwer gerade. Und er mag es nicht, wenn man die Pferde zu nah an sich heranlässt.«

Ratlos schüttelte Mika den Kopf. »Aber warum brennt ihr ein einzelnes Pferd? Mitten in der Nacht?«

Sam sah Mika prüfendend an. Konnte sie ihr vertrauen? »Auf dem Land hier leben ein paar Pferde«, sagte sie ausweichend. »Und wir müssen immer wieder welche einfangen, vor allem die Junghengste. Sonst vermehren sie sich unkontrolliert.«

Mikas Augen wurden groß. »Du meinst Wildpferde? Aber wie …?«

Das Brummen eines Motors näherte sich. Sam sprang auf. »Mein Vater! Du verschwindest besser!«

Widerstrebend stand Mika auf. »Aber …«

Doch Sam stürmte schon davon. »Kein Wort, klar?«, rief sie über die Schulter. »Und denk daran, Arbeitsbeginn ist um sieben Uhr!«

In einem stilvoll eingerichteten Wohnzimmer in Paris saß Fanny auf einem blassrosa Sofa und telefonierte. Das heißt, eigentlich redete sie mal wieder nur auf die Mailbox, denn Mika ging schon seit Tagen nicht ans Handy. »Mika, zum hundertsten Mal – was ist los? Ruf mich zurück!« Irgendwas musste schiefgegangen sein mit Mikas Abenteuer. Typisch, kaum war sie mal nicht da …

»Fäääännnny? Fäääänny!«, trällerte Claudettes Stimme durch die Wohnung. »Shooppiiinnnngggg!«

Genervt ließ Fanny sich zurück auf das Sofa fallen. »Nix Fänny! Schluss mit Shopping!«, entschied sie und sprang auf. Mit einem Ruck wuchtete sie den Koffer vom Schrank und begann, ihre Schätze von den Beutezügen durch verschiedene Pariser Boutiquen hineinzuwerfen. Ein Teil nach dem anderen landete auf einem größer werdenden Haufen – und bedeckte unbemerkt Claudettes schwarzes Schoßhündchen, das sich interessiert schnuppernd in den Koffer verirrt hatte.

Am nächsten Morgen beschloss Mika, in aller Frühe mit Ostwind auszureiten. Ab sieben würde sie ja arbeiten müssen. Noch vor Sonnenaufgang sattelte sie den Hengst. Die Hacienda lag im Tiefschlaf. Mika führte Ostwind gerade über den Hof, als ein helles, flehendes Wiehern ertönte. Sie sah sich um. Da entdeckte sie in einem der hinteren Paddocks einen schwarzen Jährling mit einem weißen Stern auf der Stirn. Unruhig lief der Kleine hin und her und stieß immer wieder ein Wiehern aus, als würde er etwas suchen.

Mika näherte sich und als sie am Gatter stand, erkannte sie die Silberdistel auf der Hinterhand des Jährlings. Das musste der Junghengst sein, der gestern Nacht eingefangen und gebrannt worden war. Er schien immer noch verstört zu sein.

Ostwind hielt witternd die Nase hoch und blickte das Jungpferd unverwandt an.

»Das ist dir auch passiert, oder?« Mika streichelte Ostwinds Hals. Wenn sie doch bloß wüsste, was er schon alles erlebt hatte. Vielleicht würde sie dann verstehen, was mit ihm los war.

Sie wandte sich wieder dem Gatter zu und streckte die Hand hindurch. »Na, Kleiner«, lockte sie.

Die Ohren des Hengstes zuckten vor und zurück. Abwartend sah er sie an, bevor er zögernd aus seiner Ecke herauskam und an Mikas Hand schnupperte. Bisher hatten die Menschen für ihn nichts Gutes bedeutet. Aber zu Mika schien er Vertrauen zu fassen. Ruhig stand er da, während sie ihm die Hand auf die Stirn legte.

In diesem Moment knatterte ein Motorroller mit einem der Arbeiter auf den Hof. Sofort sprang der Kleine in den hintersten Winkel des Paddocks zurück. Der Arbeiter blickte misstrauisch zu Mika hinüber. »Hola!« Grüßend hob er die Hand an die Schirmmütze. Mika setzte eine Unschuldsmine auf. »Hola!«

Der morgendliche Ritt sollte nicht der einzige Ausflug des Tages bleiben: Nach der Siesta machten Sam und Mika einen »Arbeitsausritt«, wie Sam es nannte. Sie selbst saß im Westernsattel auf einem muskulösen Falben namens Cortado, Mika durfte auf Ostwind einen echten spanischen Arbeitssattel ausprobieren. Nebeneinander ging es im Schritt über das hügelige Grasland rund um die Hacienda, vorbei an endlosen Reihen von Olivenbäumen.

Samantha deutete über das dürre Land. »Dahinten müssen wir den Zaun flicken. Das Wasser ist knapp, und die Koppeln sind schnell überweidet. Deshalb müssen wir die Pferde häufig umtreiben.«

Mika hörte nur mit einem Ohr zu. »Sag mal, die Wildpferde, wo genau sind die?«

»Mann, vergiss es!«, blaffte Sam sie an. »Ich hab es dir gesagt, aber das war's, okay? Wir sind hier, um Zäune zu flicken!« Damit drückte sie die Schenkel an und galoppierte unvermittelt los.

»Schon gut«, murmelte Mika und ließ Ostwind ebenfalls angaloppieren.

Die Sonne brannte vom Himmel. Mitten in der Pampa stand Mika vor einem Holzzaun, der sich gefühlt kilometerlang zu beiden Seiten zog. In der Hand hielt sie einen schweren Hammer, neben ihr hing ein Sack mit Nägeln an einem Zaunpfahl. Hinter ihr stand Ostwind, der ihr bei jedem Schritt geduldig folgte.

Unmotiviert hämmerte Mika eine wackelige Latte fest. Sie trat einen Schritt zurück. Schon wieder schief. Mit einem Arm wischte sie sich den Schweiß von der Stirn. Verdammt, war das heiß! Mika setzte eine Wasserflasche an die Lippen und trank in großen Schlucken.

Aus der Satteltasche auf Ostwinds Rücken kam ein knisterndes Rauschen. Das Funkgerät. Samantha hatte ihr in gewohnt knapper Form erklärt, wie es funktionierte. Wie war das noch mal? »Mika, Sam hier. Bitte kommen«, krächzte es aus dem Gerät.

Mika drückte die Sprechtaste. »Äh. Roger. Over. Alpha.« Irgendwas Ähnliches sollte sie doch sagen, oder?

»Wie weit bist du?«, fragte Sam.

Mika ließ den Blick hügelabwärts über den Zaun schweifen. Die Latten hingen fast überall schief, an einigen Stellen waren sie schon wieder runtergefallen. Sam würde bestimmt ausflippen. Aber Mikas Hände schmerzten, sie konnte den Hammer kaum noch halten.

»Fast fertig«, behauptete sie deshalb.

»Gut. Rühr dich nicht von der Stelle, bis ich dich holen komme«, befahl Sam. »Und geh nicht weiter als bis zum Ende des Zauns! Over.«

Mika wurde neugierig. Aufmerksam sah sie nach rechts den Zaun entlang. Auch Ostwind blickte mit gespitzten Ohren in diese Richtung. Seine Nüstern blähten sich. »Was ist wohl am Ende des Zauns?«, überlegte Mika laut. Tja, da musste sie glatt mal nachschauen! Samanthas mahnende Worte hatte sie schon wieder vergessen.

Mit neuem Elan schwang Mika sich auf Ostwinds Rücken und ritt am Zaun entlang. Als sie das Ende erreicht hatte und der Zaun nach links abbog, blieb sie stehen. Sie drehte den Kopf. Hier war weit und breit nichts zu sehen, außer ein paar Büschen und einer verwitterten Steinsäule, die schief im endlosen Grasland stand.

»Na toll«, murmelte Mika enttäuscht.

Doch Ostwind schien etwas gewittert zu haben. Er hielt den Kopf hoch und spähte in die Ferne. Dann begann er zu tänzeln, stieß ein durchdringendes Wiehern aus – und warf sich auf der Hinterhand herum. Das kam so überraschend, dass Mika fast aus dem Sattel gerutscht wäre. Ihre Wasserflasche flog in hohem Bogen aus der Satteltasche und kullerte ins Gebüsch. Hatte Ostwind einen Sonnenstich? Oder was war der Grund für seinen Temperamentsausbruch? Zielstrebig begann der Hengst einen Hügel hinaufzumarschieren. Mika ließ die Zügel lang. Ostwind schien einen Plan zu haben, und sie war neugierig, was er vorhatte.

Das bräunliche Gras unter Ostwinds Hufen wurde mit jedem Schritt grüner, die Büsche ringsum dichter. Jetzt ging es wieder bergab. Ein Plätschern war zu hören, und zwischen Bäumen entdeckte Mika einen schmalen Fluss. Seltsam, die Gegend wirkte ansonsten völlig ausgetrocknet.

Ohne zu zögern stapfte Ostwind ins Wasser und folgte dem Flusslauf. Als sie um die nächste Biegung ritten, blieb Mika vor Staunen der Mund offen stehen. Vor ihnen lag ein wunderschöner türkisfarbener See. Dichte Bäume rundum verbargen ihn vor neugierigen Blicken, im Hintergrund rahmten hohe Felsen das Wasser ein. Über einen steinernen Vorsprung stürzte ein kleiner Wasserfall und malte Kringel auf die Oberfläche des Sees. Lichtpunkte tanzten darauf wie Sterne. Mika schloss kurz die Augen. Der Ort kam ihr seltsam vertraut vor. Und auch Ostwind schien sich hier auszukennen. Aber das konnte nicht sein.

Sie glitt aus dem Sattel und sah Ostwind an. »Denkst du, was ich denke?« Eine Abkühlung war fällig! Ostwind schien zu verstehen. Er schüttelte ungeduldig den Kopf, während sie rasch den Sattelgurt löste. Dann schwang sie sich auf den blanken Pferderücken und legte die Schenkel an. Aus dem Stand galoppierte Ostwind an und sprang mit einem weiten Satz in den See. Fontänen spritzten auf, als Ostwind übermütig von links nach rechts hüpfte. Lachend rutschte Mika von seinem Rücken und tauchte ein in die türkisfarbene Klarheit. Tat das gut! Mit ein paar kräftigen Zügen schwamm sie zurück an die Oberfläche und ließ sich auf dem Rücken treiben. Über ihr nur der knallblaue Himmel und die Spitzen der Felsen rundherum. Doch da schoben sich ein paar braune Lederstiefel ins Bild. Hoppla!

Mika drehte sich so hastig um, dass sie fast unterging. Da oben stand Sam und starrte wütend zu ihr hinunter. »Was genau an ‚Bleib da' hast du nicht verstanden?«, fauchte sie.

Aber Mika hatte eindeutig zu gute Laune, um sich einschüchtern zu lassen. »Na ja, ‚Bleib' und ‚da' würd ich sagen«, erwiderte sie kichernd und tauchte gurgelnd ab. »Komm da raus!«, schnauzte Sam. »Wir haben noch Arbeit.«

»Jetzt komm«, rief Mika nach dem Auftauchen. »Sei kein Frosch – sei ein Frosch!« Übermütig spritzte sie eine Wasserfontäne zu ihr hoch. Sam sah sie streng an, doch ihre Mundwinkel zuckten. Mikas Ausgelassenheit war ansteckend. Sie schaute sich um. »Mann, ich war ewig nicht mehr hier.«

»Eins …« Mika schoss eine weitere Salve hoch. »Zwei …« Kurz entschlossen riss Sam sich die Weste runter und nahm Anlauf. »Dreiiii«, quiekte sie im Flug, bevor sie mit einer perfekten Arschbombe im Wasser landete.

Ausgelassen tobten die Mädchen im See. Vergessen waren die Arbeit und die strengen Augen von Pedro. Sie spritzten sich gegenseitig nass, sprangen von den Rücken ihrer Pferde ins Wasser und paddelten neben ihnen her durch den tieferen Teil des Sees. Mika hatte nicht gewusst, dass Ostwind so gut schwimmen konnte. Er war ein richtiges Seepferdchen. Zusammen mit Cortado scharrte und planschte er im flachen Wasser und schlabberte mit den Lippen an der glitzernden Oberfläche.

Für Mika hätte es ewig so weitergehen können: Endlich Sommer, Sonne, Spaß – statt Fragen, Sorgen und Arbeit!

Aber irgendwann wurde es im Wasser zu kühl. Und ihre Klamotten mussten ja auch noch trocknen. Die Mädchen streckten sich nebeneinander auf den warmen Steinen am Ufer aus, die Köpfe bequem auf die Sättel gebettet. Die Pferde durften auf der kleinen Lichtung dahinter grasen.

»Warum bist du nie hier?«, fragte Mika mit geschlossenen Augen. »Ich wäre immer hier!«

»Das ist …« Sam suchte nach Worten. »Ich weiß auch nicht – kompliziert.«

Von beiden unbemerkt näherten sich lautlose Schritte. Eine Hand strich über Ostwinds Kopf, seinen Rücken. Wissend, verstehend. Die nackten Füße schlichen weiter.

»Die Quelle hier gehört zu dem Land, das mein Vater verkaufen muss«, erklärte Sam gerade. »Und außerdem …«

Mika wartete, aber Sam sprach nicht weiter. »Außerdem was?« Sie öffnete die Augen und sah zu Sam hinüber. Dabei bemerkte sie aus dem Augenwinkel eine Bewegung. Sie drehte sich um – und blickte direkt in einen Gewehrlauf! Abrupt setzte Mika sich auf. Sam sprang hoch wie von der Tarantel gestochen.

Hinter ihnen stand eine große schlanke Frau. Ihr glattes schwarzes Haar fiel ihr lang über die Schultern. Das Gesicht war schmal, mit hohen Wangenknochen und dunklen Augen, die die Mädchen zornig anfunkelten. Mika bemerkte, dass sie keine Schuhe trug. Und auch sonst war ihr Look ziemlich ungewöhnlich, irgendwie indianermäßig. Statt eines T-Shirts trug die Frau ein ärmelloses helles Tuch, dass sie mit zwei breiten Lederriemen um ihre Taille geschnürt hatte, dazu eine fleckige Wildlederhose. Eine Art Lederschutz war mit Bändern um ihre rechte Hand gewickelt, und an einer Kette um ihren Hals hing eine Feder. Und dann war da natürlich dieses Gewehr. Sein Lauf zielte abwechselnd auf Sam und auf Mika.

»Tara!«, krächzte Sam. Offenbar kannte sie diese schräge Tussi.

»Sie ist seit zwei Tagen weg«, sagte die Frau.

»Wer?«, fragte Sam.

»Die Leitstute verlässt die Herde nicht«, fauchte die Frau. »Und ich hab die Spuren eurer Autos gesehen.«

Mika verstand nur Bahnhof. Und auch Sam schien nicht zu wissen, was sie wollte.

»Calima ist weg?«, fragte Sam verwundert. »Wir haben sie nicht. Ehrlich. Sie ist doch dein Pferd.«

Tara schüttelte den Kopf. »Ist sie nicht. Sie gehört nur sich selbst. Aber das werdet ihr nie verstehen.« Resigniert ließ sie das Gewehr sinken.

In diesem Moment tauchte Ostwind neben ihr auf. Mika hielt die Luft an. Was würde diese Verrückte mit ihm machen? Die Frau streckte ihre Hand aus. Ostwind kam vertrauensvoll näher und schnupperte daran. Zärtlich strich Tara dem Hengst über die Stirn. Mika war verblüfft. Kannten sich die beiden?

»Levante«, flüsterte Tara. Mit einem Lächeln drehte sie sich um und ging davon.

Mika wollte hinter ihr herrennen. »Was? Woher …? Warten Sie!«

Doch Sam packte sie am Arm und hielt sie fest. Tara verschwand hinter dem nächsten Felsen.

»He!« Wütend befreite Mika sich und starrte hinter der seltsamen Frau her. Was ging hier vor?

Sam bückte sich und schlüpfte in ihre Lederboots. Die ausgelassene Stimmung war verflogen.

»Wer war das?« Mika ließ sich auf einen großen Stein plumpsen.

Sam wuchtete ihren Sattel hoch. »Meine Tante.«

»Und was heißt Levante?«, wollte Mika wissen.

Sam legte den Sattel auf Cortados Rücken und zog den Gurt an. »Das ist ein Wind. Ostwind.« Sie sagte es beiläufig, aber in Mikas Ohren hallten die Worte nach. Levante, Ostwind! Woher zum Teufel kannte die Frau Ostwinds Namen? Verwirrt blieb Mika sitzen, während Sam im Schritt losritt.

»Warte mal! Moment!«, rief Mika und winkte. Eine langstielige Pflanze ragte direkt vor ihrem Gesicht auf und kitzelte sie an der Nase. Achtlos schob Mika sie beiseite. Die Pflanze schnellte zurück. Mika drückte sie wieder weg. Da fiel ihr Blick auf die Blüte. Um einen gelben Mittelpunkt wuchsen fünf schmale, gezackte Blütenblätter. Mikas Augen weiteten sich. »Das ist doch …« Sie sprang auf. »Sam!«, kreischte sie und rannte los. »Sam! SAM!«

Das Mädchen hielt an und drehte sich um. »Was?«

Auffordernd hielt Mika ihr die Blume hin.

Sam grinste. »Für mich? Das wär aber nicht nötig gewesen.«

Mika ging nicht auf ihren Scherz ein. »Was ist das?«, fragte sie atemlos.

»Eine Silberdistel. Die wächst hier überall.«

»Hier?« Mika schwenkte die Pflanze ungeduldig durch die Luft. »Was ist hier? Wie heißt das?«

»Ora«, antwortete Sam, als wäre es das Normalste der Welt. »Das hier ist Ora.«

Ein ungläubiges Lächeln erschien auf Mikas Gesicht. Sie hatte es gefunden. Ora.

Seite an Seite ritten die Mädchen über die Hügel zurück zur Hacienda. In Mikas Kopf stapelten sich die Fragen. Zum Glück war Sam jetzt in Redelaune.

»Mein Vater und Tara waren früher unzertrennlich«, erzählte sie gerade. »Aber dann hatte sie immer verrücktere Ideen, wie man mit Pferden umgehen sollte. Sie hat Zäune kaputtgemacht und Kunden bedroht.« Sam zuckte die Schultern. »Und als Papa dann diese Stute aus Deutschland gekauft hat, da hat es angefangen.«

»Was?«, fragte Mika.

»Na, der Streit.«

»Und diese Stute, war das Calima?«, bohrte Mika weiter.

Sam nickte. Geschickt manövrierte sie ihr Pferd zwischen einigen Olivenbäumen hindurch, ohne die Zügel zu benutzen. »Hallas Tochter. Ein Wahnsinnspferd.« In ihrer Stimme schwang Bewunderung. »Total wild. Sie war richtig gefährlich. Hat alle verletzt, auch meinen Vater, und niemanden an sich rangelassen, außer …«

»Tara«, ergänzte Mika.

»Genau. Alle haben gesagt, man muss sie weggeben oder einschläfern, und dann ist Tara eines Nachts einfach mit ihr abgehauen. Zu den Wildpferden.« Sam machte eine unbestimmte Geste über das Land. »Sie ist in das alte Haus meiner Urgroßeltern gezogen, hinter der Quelle. Und da lebt sie seitdem. Mit den Pferden.«

»Wow.« Mika sog jedes Wort in sich auf. Sie fand diese Tara mittlerweile total spannend. Irgendwie schien sie ihr ähnlich zu sein.

»Und sie ist komplett verrückt«, meinte Sam jetzt.

Mika stoppte Ostwind abrupt. »Was? Nein!«

Sam und Cortado hielten ebenfalls an. »Nein? Hast du vorhin nicht zugeschaut? Sie hat mich mit einem Gewehr bedroht! Ich bin ihre Nichte! Sie *ist* verrückt«, schloss sie mit Nachdruck.

Aber Mika hörte gar nicht mehr richtig zu. »Calima ist Ostwinds Mutter, oder?«

Sam zuckte unschlüssig mit den Schultern. In diesem Moment knackte das Funkgerät in ihrer Satteltasche. »SAM! Wo zur Hölle steckst du?!«, ertönte Pedros ärgerliche Stimme.

»Mist.« Sam starrte auf das Funkgerät und dann auf ihr

Handy. Sie hätten schon vor über einer Stunde zurück sein sollen.

Ohne ein weiteres Wort gaben sie ihren Pferden ein Zeichen und galoppierten los. Bergauf und bergab jagten sie über das Grasland, bis der Wind ihnen die Tränen in die Augen trieb und die Landschaft ringsum zu grünbraunen Streifen verschwamm.

Außer Atem erreichten sie zehn Minuten später die Hacienda. Sie sprangen aus dem Sattel und führten ihre dampfenden Pferde zu den Stallungen hinüber.

»Ich muss noch mal mit Tara reden«, meinte Mika entschlossen.

»Nein! Auf keinen Fall«, herrschte Sam sie an. »Und kein Wort zu meinem Vater, okay?«

Da kam Pedro auch schon mit schnellen Schritten auf sie zu. »Wo wart ihr?« Seine Stimme klang ungehalten. »Die Junghengste müssen umgetrieben werden.« Er stutzte, sah seine Tochter genauer an und griff in ihr feuchtes Haar. »Warum sind deine Haare nass?«

Stumm blickte Sam zu Boden.

»Wasserflasche«, sprang Mika ein. »Ungeschickt. Hingefallen.« Autsch, sie hatte ja ebenfalls nasse Haare. Na egal.

Pedro sah Mika misstrauisch an. Sein Blick fiel auf die Silberdistel in ihrer Hand. »Und was ist das?«

Hastig stopfte Mika die Blume in ihre Tasche und setzte eine Unschuldsmine auf. »Nichts. Ich interessiere mich für Botanik.«

Doch alles Flunkern half nichts. Pedro schien genau zu wissen, wo sie gewesen waren. Er durchbohrte Sam förmlich mit Blicken. »Du weißt, dass ich das nicht möchte? Dass es gefährlich ist und warum?«

Sam nickte schuldbewusst.

Pedro wandte sich wieder an Mika. »Und da du dich so für Botanik interessierst: Wir haben drei Hektar Heuwiesen, die gemäht werden müssen.«

Mika grinste schief. »Okay.« Kleinlaut stapfte sie mit Ostwind im Schlepptau davon.

Beim Abendessen hatten sie heute Besuch: Links von Pedro saß ein dicklicher älterer Herr mit zurückgekämmtem silbergrauem Haar und sorgfältig gestutztem Bart. Der Bürgermeister, wie Sam Mika flüsternd erklärte. Schon bald sollten sie erfahren, warum er hier war.

Nach dem Hauptgang räusperte sich Pedro und erhob sein Glas. Die Gespräche der Arbeiter verstummten. Erwartungsvoll sahen sie ihren Patron an.

»Ich möchte einen Toast ausbringen, denn ich habe eine gute Nachricht«, begann Pedro. Er lächelte, doch seine Augen blickten ernst. »Der Bürgermeister und ich sind uns heute einig geworden. Ihr wisst, dass mir die Entscheidung zu verkaufen, nicht leichtgefallen ist. Aber ich weiß, dass mein Land in guten Händen sein wird. Bei Freunden.«

Der Bürgermeister grinste wie ein Breitmaulfrosch. Pedro prostete ihm zu. »Salud!«

Klingend stießen die Weingläser aneinander. Nachdem

66

der Bürgermeister sein Glas nach andalusischer Sitte zweimal auf die Tischplatte geklopft hatte, nahm er einen tiefen Schluck.

Auch die anderen am Tisch stießen miteinander an. »Salud.«

Mika ließ ihr Glas lieber stehen. Sie wollte nicht schon wieder etwas falsch machen. In den Gesichtern der Arbeiter versuchte sie zu lesen, wie die Neuigkeit bei ihnen ankam. Ein paar zogen kurz die Augenbrauen hoch, ansonsten wirkten sie unbewegt. Das Stimmengemurmel wurde wieder lauter.

Stirnrunzelnd betrachtete Mika den Bürgermeister, der ihr gegenübersaß. Sympathisch fand sie ihn nicht. Ihm gehörte jetzt also Ora. Aus irgendeinem Grund bereitete der Gedanke ihr Unbehagen. War der Verkauf wirklich eine gute Idee gewesen?

Als Mika später in ihrem Stockbett lag, betrachtete sie noch einmal die Silberdistel, die sie von der Quelle mitgebracht hatte. Nachdenklich drehte sie die Blume in ihren Händen. Sie wollte mehr über Ora wissen. Und über die Wildpferde. Mika stützte sich im Bett auf. Egal, was Sam gesagt hatte, sie musste noch einmal mit Tara sprechen. Gleich morgen Früh würde sie nach ihr suchen. Mit diesem Vorsatz schlief Mika ein.

5. Kapitel

Am nächsten Tag schlich sie in aller Frühe mit Ostwind über den menschenleeren Hof. Hoffentlich wachte niemand von dem Hufgeklapper auf.

Die ersten Strahlen der Morgensonne schoben sich gerade über den Horizont, als Mika hinter dem Tor aufsaß. Kaum hatten sie das Grasland erreicht, fiel Ostwind von selbst in Galopp. In weiten Sprüngen ging es den ersten Hügel hinauf, der aufgehenden Sonne entgegen.

Als die schiefe Steinsäule in Sicht kam, zügelten Mika und Ostwind ihr Tempo. Im Schritt folgten sie dem Pfad hügelabwärts und ritten dann durch das lichte Grün der Oase. Zwischen Ästen und Blättern sah Mika schon das türkisfarbene Wasser funkeln, ein magischer Anblick. Nur noch wenige Meter … Halt, was war das? Vor Überraschung zog Mika am Zügel, was sie sonst nie tat. Rund um den See waren von Baum zu Baum orangefarbene Absperrbänder gespannt worden. »Water Flow Unlimited« prangte in regelmäßigen Abständen darauf. In Mikas Hirn ratterte es. Der Bürgermeister hatte die Oase gekauft. Wollte er sie sperren lassen? Aber warum? Und was war dieses Water Flow? Kurz entschlossen riss Mika eines der Markierungsbänder ab und stopfte es in ihre Tasche. Das musste sie unbedingt Sam zeigen. Von der Absperrung würde sie sich natürlich nicht aufhalten lassen.

Sie dirigierte Ostwind durch den flachen Teil des Sees bis zu dem Felsen, hinter dem Tara gestern verschwunden war. Dort sprang sie aus dem Sattel und führte Ostwind über den steinigen Untergrund.

Auf einmal schien der Hengst etwas zu wittern. Er tänzelte und hob den Kopf.

Mika folgte seinem Blick. Aus dem Schatten der Bäume hinter ihnen löste sich ein Pferd und trottete gemächlich auf das Felsenbecken zu. Ihm folgten zwei weitere, dann noch eines und noch eines. Zuletzt kamen drei Stuten mit Fohlen, die sich schüchtern an ihre Mütter pressten. Die Wildpferde!

Versteckt hinter Olivenbäumen beobachtete Mika, wie die Herde sich im Halbkreis an der Quelle versammelte und fast synchron die Köpfe zum Trinken senkte. Nachdem sie ihren ersten Durst gelöscht hatten, wagten sich einige weiter in den See hinein und schlugen spielerisch mit ihren Vorderbeinen ins Wasser.

Plötzlich zerriss ein lautes Knattern die morgendliche Stille. Ein Sturm rauschte durch die Blätter und bog die Äste nach unten. Erschrocken blickte Mika nach oben. Ein weißer Hubschrauber stand tief über den Felsen und schien das Gebiet zu beobachten. Als er sich leicht drehte, entdeckte Mika die Aufschrift auf der Seite: »Water Flow Unlimited.«

Das ohrenbetäubende Rattern der Rotoren ließ die Pferde auseinanderstieben. Die ersten jagten aus dem See, dass das Wasser hoch aufspritzte. Panisch flüchtete die Herde durchs Unterholz und dann den dahinterliegenden Hügel hinauf. Innerhalb weniger Sekunden waren alle Wildpferde verschwunden.

Ostwind schlug aufgeregt mit dem Kopf. Mika achtete kaum auf ihn. Sie konnte den Blick nicht von dem Hubschrauber lösen, der jetzt langsam abdrehte. Da spürte sie einen heftigen Ruck in ihrer Hand. Ostwind hatte sich losgerissen und stürmte der Herde hinterher!

»Hey!« Mika war so verdattert, dass es einige Sekunden dauerte, bis sie die Verfolgung aufnahm.

Auf einer kleinen Anhöhe war Ostwind stehen geblieben, direkt vor einem dichten Gebüsch. Ungeduldig warf er den Kopf auf und ab und stieg sogar leicht. Endlich hatte Mika ihn eingeholt. »Mann!«, keuchte sie.

Ostwind schien nur auf sie gewartet zu haben. Kaum berührte ihre Hand seinen Rücken, trabte er los. Durch dichter werdende Wildnis schlängelten sich Mika und Ostwind voran. Der Hengst wurde schneller. Plötzlich sah Mika weiter unten eine schmale Gestalt, die über die weite Ebene rannte. Die Frau trug ein flatterndes weißes Kleid, ihre Haare wehten wie eine Fahne hinter ihr her. Tara!

Wohin wollte sie? Da hörte Mika dumpfe Hufschläge. Die Wildpferde näherten sich im fliegenden Galopp von der anderen Seite. Sie stürmten Tara entgegen, die jetzt still dastand und sie mit ausgestrecktem Arm begrüßte. Die Tiere umkreisten, umtanzten sie mit übermütigen Bocksprüngen, bevor sie die Nase ins Gras senkten. Tara ging mit ruhigen Schritten zwischen ihnen umher, strich hier über einen Rücken, dort über eine weiche Pferdenase. Es wirkte alles ganz selbstverständlich, so als wäre sie ein Teil der Herde. Mika hielt den Atem an.

Jetzt stieß Tara einen melodischen Pfiff aus. Ihr Blick schweifte umher, so als suchte sie etwas. Vielleicht Calima? Vor einem Schimmel blieb sie stehen. Geschmeidig schwang sie sich auf seinen Rücken, legte die Schenkel an und sprengte los. Der Rest der Herde folgte ihr auf dem Fuß. In einer Staubwolke verschwand Tara inmitten wogender Pferdeleiber hinter einem Hügel.

Mika blinzelte. Hatte sie geträumt oder war das gerade wirklich passiert?

Ein wildes Wiehern von Ostwind holte sie in die Gegenwart zurück. Sie wollte sich gerade zu ihm umdrehen, als der Hengst auch schon losstürmte, den Hügel hinab. Mika, die noch die Zügel in der Hand hielt, wurde mitgerissen. Unsanft landete sie auf dem staubigen Boden.

Sofort blieb Ostwind stehen. Beinahe schuldbewusst senkte er den Kopf und trottete zu Mika zurück. Was war bloß in ihn gefahren? Die Wildpferde schienen ihn magisch anzuziehen.

Mühsam rappelte sich Mika auf und klopfte sich den Staub ab. Ostwind drehte den Kopf zu ihr und schnupperte an ihrer Hand, als wollte er sich entschuldigen. »Schon gut.

Nichts passiert«, murmelte Mika und streichelte über seinen Hals. Sie wollte gerade aufsteigen, als sie in der Ferne, halb verborgen hinter Büschen, ein verfallenes Haus erspähte. Oder vielmehr ein Anwesen, mit mehreren Gebäuden. Neugierig kam Mika mit Ostwind an ihrer Seite näher. Die groben Steinmauern waren teilweise eingestürzt und ohne Dach, im Hintergrund ragten zwei verfallene Schornsteine wie Stümpfe aus den Ruinen. Das Mauerwerk schien komplett mit seiner Umgebung verwachsen zu sein, aus allen Ritzen wucherte es grün. Ein Rundbogen führte zu einer Art Innenhof.

Irgendetwas daran kam Mika bekannt vor. Rasch griff sie in Ostwinds Satteltasche und zog das spanische Rasse- und Gestütsbuch ihrer Oma hervor. Während sie darin blätterte, stupste Ostwind sie auffordernd in die Seite. Ja doch! Da! Mika hielt das Buch hoch und verglich die Zeichnung mit der Ruine vor ihr. Die Anordnung der Gebäude, der Rundbogen, alles stimmte. Es war das Haus aus ihrem Buch – das Gestüt von Ora!

Gemeinsam schritten sie durch den alten Rundbogen in den Innenhof. Es war ganz still. Auch hier hatte die Natur die Oberhand gewonnen: Der Boden war mit hohem Gras bedeckt, Brombeersträucher wucherten durch die glaslosen Fenster. Innen und außen schienen zu verschwimmen. Und doch musste hier jemand leben. Auf einer Leine flatterte Wäsche, auf einem improvisierten Regal aus Holzbrettern standen sorgfältig aufgereiht Blumentöpfe.

Durfte sie hier überhaupt sein? Mika überfiel eine seltsame Scheu. Der Ort wirkte verwunschen und wie aus der Zeit gefallen.

Vor Mika lag eine Veranda aus Holz. Geschnitzte Säulen stützten das Dach, das mit verwitterten Palmblättern bedeckt war. Jemand hatte ein Sofa mit vielen Kissen auf die Veranda gestellt, dazu einen verschnörkelten Holztisch und eine alte Truhe. Daneben lag ein bunter orientalischer Teppich, auf den lederbezogene Sitzhocker drapiert waren. An der Decke baumelte eine Metalllaterne. Es sah aus wie ein indianisches Outdoor-Wohnzimmer. Zögernd betrat Mika die Veranda. »Hallo?«

Ein Vogel flatterte beim Klang ihrer Stimme aus der Brombeerhecke auf. Mika ging über die abgetretenen Holzplanken in den dahinterliegenden Raum – oder vielmehr in das, was davon übrig war: eine Wand ohne Dach und eine halbhohe Mauer rundherum. An die Wand hatte jemand ein großes Gemälde in sanften Pastelltönen gehängt. Es zeigte ein silbergraues Pferd, das wachend neben einer schlafenden Frau stand.

Plötzlich hatte Mika Herrn Kaans Stimme im Ohr. »Nojrsodsch. Der Schläfer. Mit der Gabe geboren, die Sprache der Pferde zu verstehen.«

Mika starrte das Bild an. »Aber …«, flüsterte sie.

In diesem Moment ertönte eine Stimme hinter ihr. »Ich dachte mir schon, dass wir uns wiedersehen.«

Mika fuhr herum. Da stand Tara. Sie trug ein weißes Flatterkleid und darüber einen naturfarbenen Fransenumhang. Das war also ihr Zuhause!

Tara lächelte, streifte ihren Umhang ab und bedeutete Mika, ihr zu folgen.

Kurz darauf saß Mika auf dem gemütlichen Sofa und kuschelte sich in die Kissen. Tara hatte sich an eine der Holzsäulen gelehnt und betrachtete den Hengst, der im Innenhof graste.

»Ostwind«, sagte sie leise, und ihre Stimme klang liebevoll. »Von allen, die er eingefangen hat, habe ich mir um ihn die meisten Sorgen gemacht.« Es schien, als spräche sie mehr zu sich selbst. »Er hat eine empfindsame Seele und einen starken Willen. Das ist eine gefährliche Kombination für ein Leben mit den Menschen.«

Mika stand auf. Sie musste Tara in die Augen sehen. »Er ist also hier geboren? Und dann eingefangen worden?« Kein Wunder, dass Ostwind sich hier auskannte.

»Ja. Und dann hat mein Bruder ihn verkauft. Er hat wertvolle Gene.« Taras Blick war ernst, doch als sie Mika ansah, lächelte sie. »Aber er hatte ja Glück. Er hat dich gefunden.«

Mika zuckte die Schultern. »Eher ich ihn.«

Ein wissendes Lächeln umspielte Taras Mund. »Ihr euch?«, schlug sie vor.

Ja, wahrscheinlich war es so.

Leichtfüßig sprang Tara die Stufen der Veranda hinunter und streckte Mika die Hand hin. »Komm, ich stell dir jetzt Ostwinds Familie vor. Deshalb seid ihr doch hier, oder?«

74

Mika zögerte einen Moment. Die ganzen Neuigkeiten verwirrten sie. Aber dann nickte sie entschlossen. »Ich denke schon.«

Im Gänsemarsch liefen Tara, Mika und Ostwind durch Disteln und hohes Steppengras zu dem Tal zurück, aus dem sie vorhin gekommen waren. Jetzt sah Mika erst, wie wunderschön es hier war. Einzelne größere Bäume verteilten sich auf der grasbewachsenen Ebene, die eingerahmt wurde von buschig grünen Bergen. Grillen zirpten, ansonsten war es still.

Tara warf ihr ein aufmunterndes Lächeln zu. »Bereit?«

»Bereit.« Jetzt war Mika doch aufgeregt.

Auch Ostwind stand aufmerksam mit hoch aufgerichtetem Kopf da.

Tara schloss die Augen und atmete ruhig ein und aus. Sie schien tief in einen anderen Zustand zu sinken. Ihr Gesicht wirkte konzentriert, aber gleichzeitig weich und entspannt.

Fasziniert beobachtete Mika sie. Sprach sie in Gedanken mit den Pferden, rief sie die Herde zu sich?

Nun breitete Tara die Arme aus, drehte sich Richtung Sonne und wand ihre Hände wie eine Magierin.

Ostwind stieß ein durchdringendes Wiehern aus. Und plötzlich waren sie da. Die ersten Pferde galoppierten über die Kuppe des Hügels vor ihnen. Links davon jagten Pferde aus einem kleinen Olivenhain auf sie zu. Auf der anderen Seite wurden die Silhouetten von Mutterstuten mit ihren Fohlen sichtbar, die sich rasch über ein Distelfeld näherten.

Lächelnd drehte Tara sich weiter und stieß wieder den seltsamen melodischen Pfiff aus. Sie wirkte vollkommen eins mit sich und der Umgebung.

Es wurden mehr und mehr Pferde. Tänzelnd kamen sie heran, umkreisten Tara in einigem Abstand, schlugen Haken.

Mika konnte sich nicht sattsehen an ihrer Schönheit, ihrer Anmut. Sie spürte ihre Kraft und Lebenslust. Und Mika verstand, was der Grund dafür war: Sie waren frei. Niemand bestimmte über sie. Alles, was sie taten, geschah aus freien Stücken.

Die Pferde wurden langsamer, kamen näher. Ganz ruhig stand Mika an Taras Seite inmitten der Wildpferde. Vorsichtig streckten die Tiere ihre Köpfe vor, um Mika und Ostwind zu beschnuppern. Mika berührte ihre Mähnen, strich über weiche Nüstern. Neben ihr zerrte Ostwind ungeduldig an seinem Zügel. In seinen Augen sah Mika, was er wollte: frei sein!

Ein paar Minuten später saß sie mit Tara auf einem bemoosten Felsen unter einer mächtigen Steineiche. Mika hatte Ostwind Sattel und Halfter abgenommen und ihn zu der Herde gelassen. Gebannt beobachtete sie das Schauspiel vor ihren Augen.

»Eine Herde ist wie ein lebender Organismus«, erklärte Tara. Sie stand auf und lehnte sich an den knorrigen

Baum, um die Pferde besser sehen zu können. »Jedes Tier kennt seinen Platz. Und jedes ist verantwortlich für die Gemeinschaft.« Sie deutete auf Ostwind. Der Hengst wölbte stolz seinen Hals, stellte den Schweif auf und trabte mit schwebenden Tritten auf einzelne Pferde zu. Prustend blies er in ihre Nüstern, um sie zu begrüßen. Einige spitzten freundlich die Ohren, andere quiekten, schlugen mit einem Vorderbein und forderten Ostwind auf, Abstand zu halten.

»Meinst du, sie erinnern sich an ihn?«, wollte Mika wissen.

»Vielleicht.« Tara deutete auf einen Junghengst, der sich Ostwind vorsichtig schnuppernd näherte. »Guck mal, wie fein sie sich verständigen. Wie sie auf Ostwind reagieren, wie sie miteinander sprechen. Manchmal ist es nur ein zuckendes Ohr.«

Nun umkreiste Ostwind die Herde im federnden Trab. Tara lachte. »Er erinnert sich auf jeden Fall an *sie*.«

Mika lächelte ebenfalls. Doch kurz krampfte sich ihr Herz zusammen. So lebendig, so wach hatte sie Ostwind noch nie gesehen. Sie war traurig und glücklich zugleich, ohne genau zu wissen warum.

»Wie jedes Pferd wird Ostwind sich seinen Platz in der Herde erst erobern müssen«, fuhr Tara fort, als eine der Stuten mit angelegten Ohren zu ihm herumschnellte. »Er muss verhandeln, anfragen, manchmal fordern.«

Genau wie es auch der Mensch dem Pferd gegenüber tun sollte, fand Mika. Sie dachte an die Kunden in Kaltenbach. Viele wollten nur befehlen und erwarteten Gehorsam.

»Es gibt ein Leittier«, hörte sie Taras sanfte Stimme. »Die meisten denken immer noch, das sei der Hengst, aber es ist eine Stute. Sie führt die Herde bei einer Flucht, sie findet den Weg zu Wasserstellen.«

Mika stand auf, um eins der Fohlen zu streicheln, das sich neugierig näherte.

»Ein Pferd ohne Herde ist schutzlos. Und einsam.«

Taras Worte versetzten Mika einen Stich. Ostwind hatte in Kaltenbach keine Herde. Er *war* einsam. Um den Gedanken abzuschütteln, ging Mika weiter zu den anderen Pferden. Tara folgte ihr.

Sie tauchten ein in die Herde, saßen neben schlafenden Jungtieren, duckten sich unter Pferdehälsen durch, schmiegten sich an warme Pferdeleiber. Mika spürte weiches Fell an ihren Armen, roch den erdigen Duft der Pferde, fühlte deren Sanftmut. Je länger sie bei ihnen war, desto besser verstand sie ihr fast magisches Zusammenspiel.

Tara war wie ein Herdenmitglied. Sie legte sich rücklings auf die Rücken von vier Pferden, die dösend nebeneinander standen, und sah hinauf in den Himmel. Keines bewegte auch nur einen Huf. Direkt daneben ließ ein Fohlen sich mit einem Seufzer im Gras nieder.

Mika wünschte sich, die Zeit möge stillstehen. Sie schlang den Arm um den Hals einer Schimmelstute und schloss überwältigt die Augen.

»Spürst du es?«, fragte Tara leise.

Mika wusste, was Tara meinte. Endlich war da jemand, der ebenso fühlte wie sie. Der die Botschaft der Pferde verstand: Freiheit, Frieden, Glück. Ein strahlendes Lächeln breitete sich auf ihrem Gesicht aus. »Ja.«

Mika brauchte eine Weile, um in die Wirklichkeit zurückzukehren. Tara führte sie wieder zu dem Baum mit den ausladenden Ästen und bedeutete ihr, auf dem Stein Platz zu nehmen. Sie selbst blieb stehen und lehnte sich an die raue Rinde des Stamms.

Die Herde zog jetzt ruhig grasend über die Ebene, Ostwind mitten unter ihnen.

Mika betrachtete ihn lange. »So glücklich hab ich ihn noch nie gesehen«, sagte sie schließlich.

»Das ist seine Familie.« Tara nickte. Nach einer kurzen Pause fügte sie beinahe trotzig hinzu: »Und meine.«

Mika runzelte die Stirn. »Und was ist mit Pedro? Und Sam?«

Taras Miene wurde verschlossen. »Wenn man das hier hat, braucht man keine Menschen.«

Keine Menschen? Mika musste an Herrn Kaans Worte denken. Tara war ein Mensch, kein Pferd. Ein Pferd brauchte andere Pferde, und ein Mensch brauchte Menschen.

»Ich glaub, man braucht beides«, entschied Mika. »Menschen und Pferde.«

Tara stieß sich vom Baum ab, ging ein paar Schritte und drehte sich dann aufgebracht zu Mika um. »Mein Bruder hat Calimas Fohlen eingefangen. Und sie gleich mit. Obwohl er weiß, was sie mir bedeutet.« Ruckartig verschränkte sie die Arme vor der Brust. »Meinst du solche Menschen?«

Mika schüttelte den Kopf. »Ich glaube nicht, dass er sie hat.«

Taras Gesichtsausdruck war verzweifelt. »Ich spüre ihre Angst«, flüsterte sie.

»Aber Sam sagt auch ...«, warf Mika ein.

Verächtlich schnaubte Tara durch die Nase. »Sam? Sam sagt einfach alles nach, was ihr Vater sagt. Weißt du, das Problem ist, dass sie nur darüber nachdenken, was sie noch alles von den Pferden haben können.« Sie machte eine Geste, als wollte sie etwas zusammenraffen. »Anstatt mal darüber nachzudenken, was sie ihnen geben könnten. Mein Bruder denkt immer nur an Geld.« Wütend wandte Tara sich ab.

Mika dachte an die Oase und schluckte. »Stimmt. Er hat die Quelle verkauft.«

Langsam drehte sich Tara um. Ihr Blick war schockgefroren. »Was?« Ihre Schultern sackten nach vorn. »Ohne die Quelle kann kein Pferd hier leben! Ora ist das Herz!«

»Aber dann müssen wir mit ihm reden«, rief Mika.

»Nein.« Taras Stimme duldete keinen Widerspruch. Ohne ein weiteres Wort ging sie davon.

Mika sah ihr stirnrunzelnd nach. »Doch«, sagte sie leise.

6. Kapitel

Nachdem sie Ostwind wieder gesattelt hatte, galoppierte sie über das Grasland zurück Richtung Hacienda. Sie musste dringend mit Sam reden. Mika legte sich in Gedanken schon zurecht, was sie sagen wollte, als der Hengst plötzlich eine so heftige Vollbremsung machte, dass sie fast über seinen Hals gerutscht wäre.

»Hey! Spinnst du?« Im letzten Moment konnte sie sich abstützen.

Doch Ostwind reagierte nicht, sondern trippelte nervös auf der Stelle. Mika sah sich um. Witterte er irgendein Tier, einen Hund oder vielleicht ein Wildschwein? In diesem Moment sah sie den Pferdekörper, der reglos neben einem Felsen lag.

Mikas Herz begann zu rasen. Bitte, bitte, lass es nicht tot sein, dachte sie, während sie Ostwind zu dem Felsen lenkte. Mit weichen Knien rutschte sie von seinem Rücken. Jetzt erkannte sie das Pferd. Es war Calima! Sam hatte ihr gestern noch Bilder der Stute gezeigt.

Schwer atmend lag Calima auf der Seite, sie hatte die Augen geschlossen. Fliegen schwirrten um eine klaffende Wunde an ihrem linken Hinterbein. Mika ging neben ihr in die Hocke. Als sie das Bein sanft berührte, wollte Calima sich aufbäumen.

»Ruhig, ganz ruhig«, flüsterte Mika. Unter ihren streichelnden Händen entspannte sich die Stute ein wenig. Fieberhaft sah Mika sich um. Hier war nichts und niemand, nur karges Grasland. Bis zur Hacienda waren es sicher noch zwanzig Minuten Fußmarsch. Das würde die Stute niemals schaffen. »Wir brauchen Hilfe«, murmelte Mika.

Ostwind kam langsam zu seiner verletzten Mutter, senkte den Kopf und beschnupperte sie. Dann stellte er sich direkt vor Mikas Nase. Die sah ihn verwundert an – aber dann ging ihr ein Licht auf: das Funkgerät! Es war noch in seiner Satteltasche! Sie riss es heraus und drückte auf die Sprechtaste. »Hilfe!«, brüllte sie.

Lange musste sie nicht warten, doch Mika kam es vor wie eine Ewigkeit. Endlich rumpelte der schwere Geländewagen der Hacienda mit dem roten Pferdeanhänger hintendran die Anhöhe hinauf, eine Staubwolke hinter sich herziehend.

Der Jeep bremste, und Pedro sprang heraus. Er schnappte sich einen Alukoffer vom Beifahrersitz und eilte ohne ein Wort zu der Stute. Vorsichtig kniete er sich neben sie. Mit einer Sanftheit, die Mika ihm gar nicht zugetraut hätte, strich er über ihren Kopf. Dann untersuchte er ihre Augen- und Maulschleimhäute und das verletzte Bein.

Mika hockte sich mit besorgtem Blick neben ihn, eine Hand auf Calimas Hals.

»Es ist nicht gebrochen«, sagte er schließlich. »Aber sie ist vollkommen dehydriert. Du hast sie keinen Moment zu früh gefunden. In ein paar Stunden wären wir zu spät gewesen.«

Mika deutete auf Ostwind, der wie eine Statue neben ihr stand. »Er hat sie gefunden.«

Zum ersten Mal schien Pedro Ostwind bewusst wahrzunehmen. Ein kurzes Lächeln huschte über sein Gesicht, während er den dunklen Hengst ansah. Wusste er, dass er Calimas Sohn vor sich hatte? Jedenfalls ließ er sich nichts anmerken. Er zog sich sein Tuch vom Hals, um damit das Bein der Stute zu verbinden.

»Fass sie nicht an!«, schrie eine wütende Stimme. Wie eine Furie schoss Tara hinter einem Felsen hervor und stürzte auf sie zu. Ihre Haare wehten, ihr Blick loderte.

Pedro hielt inne und hob die Hände. »Dann soll ich sie verrecken lassen? Ist dir das lieber? Natürlicher?« Seine Stimme troff vor Sarkasmus.

Ohne ihn eines Blickes zu würdigen, kniete Tara sich neben ihr Pferd und streichelte es sanft. »Ich brauch dich nicht. Verschwinde!«

Pedro widersprach heftig. »Die Wunde ist schon entzündet, da helfen deine Kräuter nicht mehr.« Wütend stopfte er sein Tuch in den Alukoffer. »Entweder ich nehme sie mit oder du erschießt sie, ist mir egal!«

Mika stockte der Atem.

»Dir war immer egal, was du nicht verstehst.« In Taras Augen standen Tränen, sie legte ihren Kopf auf den der Stute.

Pedro sprang auf. »Das hier ist, was passiert, wenn Pferde wild leben! Sie verletzen sich. Sie sterben. Das ist der Preis deiner verdammten Freiheit!«

»Nein!« Tara funkelte ihn an. »Sie werden verdursten, und das ist der Preis deiner Gier!«

Pedro hielt inne und sah sie verwirrt an. »Was? Wovon redest du?«

»Du hast Ora verkauft! Das Wasser. Wie konntest du nur?« Verzweifelt schüttelte Tara den Kopf.

Pedro hob die Hände. »Ich habe nicht das Wasser verkauft, ich habe das Land an die Gemeinde zurückgegeben.« Seine Stimme wurde eindringlich. »Es war keine leichte Entscheidung, aber ich brauche das Geld. Für meine Pferde.«

»Deine Pferde. Dein Wasser.« Tara wandte sich ab. »Das gehört dir alles nicht! Nichts davon!« Das Letzte schrie sie beinahe.

Pedro sah sie stumm an und klappte seinen Koffer zu. »Wie du möchtest. Ich würde es schnell machen. Sie leidet.« Er wandte sich zum Gehen, doch da sprang Mika ihm in den Weg. »Nein«, rief sie. Vor Wut ballte sie unwillkürlich die Fäuste. »Das gibt's doch nicht! Es geht doch jetzt nicht um euch!«

Die beiden Erwachsenen schauten sie leicht betreten an.

»Calima stirbt, wenn er sie nicht mitnimmt«, rief Mika und bohrte ihren Blick in Taras. Dann drehte sie sich zu Pedro: »Und ich glaube, sie haben das Wasser verkauft!« Mit

zitternden Fingern nestelte sie das orangefarbene Absperrband aus der Tasche und reichte es ihm.

Sams Vater zog es auseinander. »Water Flow«, las er die
Aufschrift vor. Sein Blick wurde starr.

»Die sind überall rund um die Quelle«, erklärte Mika.
»Und ein Hubschrauber war da.«

Fassungslos betrachtete Pedro das Band in seiner Hand.
»Nein! Das kann nicht sein. Er hat mir zugesichert, dass alles
so bleiben kann.« Seine Stimme war nur noch ein Flüstern.
Voller Abscheu warf er das Absperrband auf den Boden.

Für einen Moment sagte niemand etwas.

Mika sah Tara an. »Lass ihn sie mitnehmen«, bat sie.

Tara ließ Calima nicht aus den Augen. Aber sie nickte.

Mika atmete auf. Wenigstens die Stute war gerettet. Mit
einer Infusion und einem Verband würde es ihr sicher bald
besser gehen.

Es dämmerte schon, als Mika und Sam nebeneinander
über den Hof der Hacienda spazierten. Mika hatte ihr gerade erzählt, was heute alles passiert war.

»Und sie haben wirklich miteinander geredet?«, fragte
Sam ungläubig.

Mika wiegte den Kopf. »Na ja. Reden ist vielleicht etwas
zu viel gesagt.«

Sie kicherten und schlenderten weiter. Kurz vor ihrer
Wohnbaracke blieb Mika überrascht stehen. Drinnen
brannte Licht. Und ein seltsames Geheul drang nach draußen. Fragend sah sie Sam an. »Was ist das?«

Sam hob die Schultern. »Ach das. Hab ich ganz vergessen. Sonja ist doch noch gekommen. Also, die richtige Sonja.«

Wieder erklang das Geheul. Mika marschierte zur Tür und öffnete sie einen Spalt weit. Sam trat hinter sie. Gemeinsam spähten sie hinein. Ein kleiner schwarzer Hund hockte knurrend auf dem unteren Stockbett, dessen Decke er in einen Berg aus Federn und Stofffetzen verwandelt hatte. Was war das bitte für ein Zombie-Schoßhund?

»Hallo? Sonja?«, rief Mika zaghaft.

Eine nur zu bekannte Stimme begann zu schimpfen. »Okay. Zwei Fragen: Wer zur Hölle ist eigentlich Sonja, und wer nennt diese Gießkannen-Missgeburt Dusche?«

Mikas Blick flog nach links. Fanny!

Eingewickelt in ein dünnes indisches Tuch stand die Freundin unter der improvisierten Dusche, die nassen Haare voller Schaum.

Mika begann zu strahlen.

Verwirrt sah Sam von einer zur anderen. »Schon wieder nicht Sonja?«

Mika und Fanny schüttelten grinsend den Kopf.

Während sie Fannys Haare mit etlichen Eimerladungen Wasser vom Schaum befreiten, erzählte die Freundin, wie sie hergefunden hatte. Dank Milan, Maria Kaltenbach und dem Internet war es ein Kinderspiel gewesen, Mikas Reiseziel rauszukriegen. Und als Profi-Spürnase hatte sie sogar die Adresse der Hacienda ausfindig gemacht. Mit dem Taxi war sie direkt vom Flughafen in Sevilla hierhergedüst. Jetzt hatte sie Hunger.

Sam lotste sie in die Küche, wo noch die Reste vom Abendessen in einer riesigen Paellapfanne auf dem Tisch standen. Fanny war bald satt, aber ihr blinder Passagier, der kleine Hund, hatte einen Riesenappetit. Selig schmatzend fraß er sich durch den restlichen Reisberg.

Sam blickte immer wieder nervös zur Tür. Ihr Vater mochte es nicht, wenn man außerhalb der Mahlzeiten in die Küche ging, und von dem neuen Gast wusste er auch noch nichts.

»Krass!«, meinte Fanny gerade. »So viel kann in einer Woche gar nicht passieren. Das ist kosmisch unmöglich!«

Mika stützte ihren Kopf auf den Arm. »Leider doch.«

»Man kann sie echt keine fünf Minuten alleine lassen«, sagte Fanny gespielt verzweifelt zu Sam.

Die nickte geistesabwesend. »Ja, hab ich auch schon bemerkt.« Sie zeigte auf das Hundeknäuel. »Ist das Ding da bald mal fertig? Wir dürfen hier eigentlich gar nicht sein.«

Prompt näherten sich Schritte, Stimmengemurmel war zu hören. Die Küchentür öffnete sich mit einem Quietschen. Die drei sahen sich an. Mist! Fanny riss den Hund an sich, Sam schnappte sich die drei Gabeln, und wie auf Kommando rutschten sie unter die breite Holztafel.

Pedro trat in Begleitung des Bürgermeisters in die Küche. »Danke, dass du so spät noch kommen konntest«, sagte er.

»Möchtest du etwas essen?« Er nahm zwei Teller und Gläser von der Anrichte und stellte sie auf den Tisch. »Komm, setz dich!« Auffordernd klopfte er auf eine Stuhllehne.

»Wolfsbarsch-Paella?« Dem Bürgermeister schien das Wasser im Mund zusammenzulaufen. »Da sag ich nicht Nein.« Er ließ sich auf den Stuhl fallen, zog ihn heran – und stieß um ein Haar mit seinen glänzenden Lederslippern gegen Mikas Bein. Hastig zog sie es weiter zurück.

Pedro setzte sich auf seinen Platz am Kopfende. Der Bürgermeister begann zu kauen und zu schmatzen. »Köstlich«, sagte er zwischen zwei Bissen.

Mika dachte an die schlabbernde Hundezunge und musste grinsen.

Pedro rückte seinen Stuhl näher an den Tisch. »Ich will den Verkauf rückgängig machen. Von einem Weiterverkauf der Quelle war nie die Rede. Du hast mir zugesichert, dass meine Schwester ...«

Der Bürgermeister unterbrach ihn. »Ich habe dir gar nichts zugesichert«, sagte er kühl. »Lies die Verträge.«

Pedro starrte ihn an. »Du hast es mir in die Hand versprochen! Als Freund!«

Ungerührt aß der Bürgermeister weiter. »Ich bin Bürgermeister«, schmatzte er mit vollem Mund, »aber auch Geschäftsmann. Und so macht man Geschäfte. Du kannst mir dankbar sein, dass der Irrsinn mit Tara in dieser Ruine endlich ein Ende hat.«

Pedro donnerte die Fäuste auf den Tisch, dass die Gläser klirrten. Die Mädchen fuhren erschrocken zusammen.

»Diese Ruine ist das Haus unserer Urgroßeltern«, sagte Pedro heiser. »Und du weißt so gut wie ich, dass ihre Pferde ohne die Quelle nicht überleben können!«

Der Bürgermeister ließ ein zynisches Lachen hören. »Du bist naiv, Pedro. Hast du wirklich geglaubt, dass die Pferde bleiben können? Wilde Pferde?« Er fuchtelte mit der Gabel durch die Luft. »Water Flow wird hier eine Abfüllanlage bauen, und denen ist es egal, ob es Kojoten, Wildschweine oder Pferde sind, die sie abschießen müssen.«

Unter dem Tisch tauschten Mika und Sam einen entsetzten Blick. Das Hündchen in Fannys Armen stieß ein gurgelndes Knurren aus. Hastig hielt Fanny ihm das Maul zu.

»Was war das?«, hörten sie Pedros Stimme.

Die drei hielten die Luft an.

Doch der Bürgermeister redete schon weiter. »Mein Magen, nehme ich an. Diese Paella hat einen seltsamen Nachgeschmack.« Er stieß seinen Stuhl zurück. »Aber wir sind ohnehin fertig, nehme ich an?«

»Ja«, erwiderte Pedro eisig. »Wir SIND fertig.«

Der Bürgermeister nahm seine Jacke von der Stuhllehne und verließ die Küche. Pedro blieb einen Moment stumm am Tisch sitzen. Dann sprang er auf und ging mit schweren Schritten aus dem Raum.

Fanny tauchte als Erste wieder unter dem Tisch hervor. »Water Flow. Krass«, sagte sie, während sie sich hochstemmte und auf den Stuhl fallen ließ.

Sam setzte sich ihr gegenüber. Mika krabbelte als Letzte hervor.

»Du weißt, was das ist?«, fragte Sam erstaunt.

Fannys Blick war mindestens ebenso erstaunt. »Natürlich. Lest ihr keine Financial Times?«

Mika und Sam glotzten nur.

»Wirtschaftswoche?«, versuchte Fanny es weiter. »National Geographic wenigstens?«

Mika legte den Kopf schief. Auf einer spanischen Hacienda? Unwahrscheinlich. »Fanny …«, begann sie. Doch die Freundin hatte verstanden und winkte ab. »Schon gut. Also …« Sie beugte sich vor. »Water Flow ist ein Lebensmittelkonzern. Die kaufen gerade auf der ganzen Welt Quellen auf. Meistens von kleinen, armen Gemeinden, die nicht verstehen, wie wertvoll Wasser ist.«

»Aber die werden die Pferde abschießen!« In Sams Augen standen Tränen. »Und was wird aus Tara?« Ihre Stimme begann gefährlich zu zittern. »Das hat er nicht gewollt! Das hat er nicht …«

Mika legte ihre Hand auf Sams Arm. »Hey, wir verhindern das. Okay?« Sie hatte zwar keinen Schimmer, wie sie das anfangen sollten, aber irgendwas mussten sie tun. Eindringlich sah sie Fanny an. »Stimmt's?«

»Äh ja. Sicher.« Wie immer, wenn Fanny nicht weiterwusste, zückte sie erst mal Norbert, ihr geliebtes Laptop. Fieberhaft begann sie zu tippen.

Die beiden anderen beobachteten stumm, wie Fannys Augen über die Seiten flogen.

»Okay. Also, wir könnten uns an Bäumen festketten und … nein. Hm, eine kleine Explosion würde vielleicht …« Sam sah geschockt von Fanny zu Mika, die beruhigend den Kopf schüttelte. Fanny tippte und las in Hochgeschwindigkeit.»Aha … Aha … Aha.« Gespannt schoben Mika und Sam ihre Köpfe immer weiter vor in Fannys Richtung.

»Ja!«, rief die plötzlich.

Erschrocken prallten die beiden zurück.

»Habt ihr hier irgendwas Altes?«, fragte Fanny aufgeregt.

In Sams Augen stand ein großes Fragezeichen.»Hä?«

»Na ja, 'ne mittelalterliche Ausgrabung. Eine keltische Burganlage«, zählte Fanny auf. Sam blickte sie leer an. Okay, das schien es hier also zufällig nicht zu geben.»Ein Pharaonengrab?«, startete Fanny einen letzten Versuch.

»Ein Pharaonengrab?«, echote Sam.»Äh, nein.«

Fanny seufzte.»Mist. Wenn es auf dem Land nämlich irgendetwas gäbe, was als Kulturdenkmal gilt, dann darf die Gemeinde es nicht verkaufen. Dann steht es unter Schutz.«

Tja. Ratloses Schweigen breitete sich über den Tisch aus. Fanny begann wieder zu tippen. Mikas Blick schweifte über die Wand hinter Fanny. Dort hingen die alten Fotos von ungesattelten wilden Pferden, die mit ihren Reitern im Galopp über eine Ebene preschten. Plötzlich war sie wie elektrisiert.

»Muss es echt ein Denkmal sein?«, fragte sie, ohne den Blick von den Fotos abzuwenden.»Kann es nicht auch 'ne

Tradition sein? Ein alter Brauch? Der mit dem Land verknüpft ist?«

Fanny überlegte kurz. »Wie das Fischerfest im Hafen von Piräus? Klar.«

Triumphierend lächelte Mika. »Dann weiß ich, wie wir Ora retten können!« Sie sprang auf, nahm eines der Fotos von der Wand und legte es auf den Tisch.

»Das Rennen von Ora!«, flüsterte Sam.

Mika setzte sich auf die Tischkante. »Ein Rennen, das es schon lange nicht mehr gegeben hat. Das nur hier stattfinden kann: in Ora.«

»Ein Pferderennen.« Fanny verdrehte die Augen. »Wieso überrascht mich das jetzt nicht?«

7. Kapitel

A m nächsten Morgen waren die Mädchen früh auf den Beinen. Noch vor sieben trafen sie sich am Wohnhaus.

»Zuallererst sollten wir mit deinem Vater reden«, bestimmte Fanny und marschierte los. Gestern vor dem Einschlafen hatte sie noch einen ausgefeilten Fünf-Punkte-Rettungsplan aufgestellt.

Sam sah sie leicht gequält an. Musste das sein? »Er ist im Stall, bei Calima«, murmelte sie.

»Gut.« Fanny nickte knapp und hakte in Gedanken Punkt eins ab. »Und Mika, erinnere mich daran …« Sie sah nach links, doch Mika war nicht mehr neben ihnen. »Mika?« Verwundert drehte sie sich um. Mika war stehen geblieben und starrte zum Tor der Hacienda. Die beiden anderen folgten ihrem Blick. Fannys Mund klappte auf.

Eine hochgewachsene Gestalt schritt auf das Tor zu. Ihre dunklen Haare flatterten im Wind. Sie trug eine Art Teppichumhang und eine abgewetzte Lederhose. Und im Schlepptau hatte sie jede Menge freilaufender Pferde.

Auf einen Fingerzeig der Frau hielten die Tiere zusammen mit ihr an.

Fanny hatte ihre Sprache wiedergefunden. »Ist das …?«

»Tara.« Sam nickte. »Aber sie war nicht mehr hier, seit ich denken kann.«

Ihre Tante kam näher. Die Pferde warteten wie vor einer unsichtbaren Schranke hinter dem Tor.

»Was will sie hier?«, flüsterte Sam.

Mika konnte ihren Blick nicht von Tara abwenden. Ihre Augen trafen sich, und Mika verstand.

»Sie kommt zu ihrem Pferd.«

Langsam ging Tara die dämmrige Stallgasse hinunter. Ihre Hand streifte über die hölzernen Boxenstäbe. Da, ein Rascheln im Stroh. Tara spähte über die Boxenwand. Dort lag Calima, entspannt auf weichem Stroh. An der Tür hing ein Infusionsbeutel, ein Schlauch führte zu einer Kanüle in Calimas Hals. Neben Calima hockte Pedro und streichelte den Kopf der Stute.

»Hallo Schwester«, sagte er, ohne sich umzudrehen. Offenbar hatte er damit gerechnet, dass sie auftauchen würde.

Leise öffnete Tara die Boxentür. Fast scheu kam sie näher und sank langsam neben der Stute auf die Knie.

»Sie ist jetzt stabil«, erklärte Pedro. »Calima hat viel Blut verloren. Aber sie …«

»… hat ein starkes Herz«, vollendete Tara seinen Satz. Gedankenverloren streichelte sie die Stute und legte ihre Stirn an Calimas Kopf. Vertrauensvoll schloss das Pferd die Augen.

Pedro beobachtete die beiden. »Nach all den Jahren spürt man es immer noch«, sagte er leise.

Tara drehte sich zu ihm. »Was?« Es klang schroff.

»Wie viel ihr euch bedeutet.« Um Pedros Mund spielte ein Lächeln.

Tara drehte sich weg und schmiegte sich an die Stute. »Ich habe das lange nicht verstanden. Oder ich wollte es nicht verstehen.« Pedro zuckte die Schultern. »Dass du die Pferde den Menschen vorziehst, hat mich so wütend gemacht.«

Tara sah ihn an. »Ich war auch wütend.« Mit einer plötzlichen Bewegung stieß sie ihn vor die Brust, dass er rücklings ins Stroh rollte.

Wie ein Käfer lag Pedro auf dem Rücken. Überrascht blinzelte er seine Schwester an. Dann richtete er sich mit einem Grinsen wieder auf. Auch Tara lächelte. Für einen kurzen Moment war es wie früher.

Doch schnell wurde Pedros Gesicht wieder ernst. »Es tut mir so leid. Ich habe Ora verkauft. Und ich kann es nicht rückgängig machen. Ich kann es nicht.«

Tara starrte unbewegt geradeaus. Tränen stiegen in ihre Augen.

Hinter der halbhohen Boxenwand kauerten Mika, Sam und Fanny und belauschten, was drinnen gesprochen wurde. Bei Pedros letzten Worten sahen sie sich an. Mika boxte Sam in die Seite, die ganz blass geworden war. »Sag's ihnen! Los!«, zischte sie.

Sams Blick wurde panisch. »Nein.«

»Doch!« Mika beugte sich zu ihr rüber.

»Jetzt!«, flüsterte Fanny. Damit schubsten sie Sam einfach vor die offene Boxentür.

Pedro und Tara drehten sich überrascht um, als Sam ihnen entgegenstolperte.

Das Mädchen atmete tief durch. »Ich ... also ich ...«, begann sie. Stille. Sam rang die Hände.

Mika spürte, dass Sam wieder abhauen wollte. Eilig sprang sie auf und stellte sich neben sie. Nix da! Sam machte einen Schritt zur Seite. Doch da stand Fanny und versperrte ihr den Weg. Flucht war unmöglich. Notgedrungen drehte Sam sich wieder zu ihrem Vater und Tara. »Also, wir haben zwar leider kein Pharaonengrab«, sprudelte sie unvermittelt los, »aber wenn wir das Rennen von Ora wieder veranstalten würden dann ... dann ...« Wie ging es noch mal weiter?

»Das Rennen von Ora.« Tara blickte die Mädchen versonnen an.

Jetzt hatte Sam den Faden wiedergefunden. »Ja, wenn wir das machen, dann muss die Regierung das Land als Kulturstätte schützen und kann es nicht an Water Flow verkaufen – und alles kann bleiben wie es ist.« Unsicher sah sie zu Fanny rüber. »Richtig?«

Fanny trat vor und rückte ihre Sonnenbrille im Haar zurecht. »Grob, ja. Laut § 23 Absatz 2 Strich 5 des spanischen Gesetzes zum Schutz der Kultur sind Kulturstätten unverkäuflich.«

Pedro warf ihr einen erstaunten Blick zu. Wer war dieses Mädchen? Sonja? Dann legte sich ein wehmütiges Lächeln auf sein Gesicht. »Es *wäre* eine großartige Idee, ja«, stimmte er zu. Sam, Mika und Fanny sahen sich an. »Wäre?«, fragte Fanny verwirrt. »Wo ist das Problem?«

Das sollten sie bald erfahren. Nach dem Mittagessen wanderten die Mädchen mit Tara zu der früheren Pferderennstrecke. Am Rand einer weiten Steppe erhoben sich mit Unkraut überwucherte Steinstufen: die alte Tribüne. Davor, verborgen hinter hohem Gras, lag eine verwitterte Steintafel. Tara wischte mit der Hand den Sand weg, der sich darauf abgelagert hatte. Eingemeißelte Symbole, Kreise und Linien, kamen zum Vorschein.

Ratlos betrachtete Fanny sie. »Was soll das sein? Eine prähistorische Waschanleitung?«

Tara antwortete nicht. Sie machte ein paar Schritte auf eine antike Steinsäule zu, die direkt auf der Rennstrecke stand. Der obere Teil war abgebrochen und lag nicht weit entfernt im Staub. Weiter hinten ragte eine zweite Säule auf.

»Hier waren der Start und das Ziel. In Ora wurde gewendet«, erklärte sie.

Mika dachte an die schiefe Säule in der Nähe der Quelle. Das musste der Wendepunkt sein.

Fanny hockte immer noch vor der Tafel. Mika ging zu ihr und deutete auf zwei Wellenlinien. »Das ist die Quelle.

Ora. Darüber ist eine Sonne, und das daneben ist …« Hm, das wusste sie auch nicht.

»Ein Mond?«, schlug Sam vor.

Tara nickte. »Ein Tagvollmond. Der Startzeitpunkt des Rennens.«

»Vollmond und Sonne gleichzeitig?«, fragte Mika verwundert. Davon hatte sie noch nie gehört. »Wie oft kommt das vor?«

Taras Augen wurden schmal. »Alle drei bis fünf Jahre.«

Verzweifelt warf Sam die Arme hoch. »Na super. Das ist das Problem. Das ist viel zu lange hin!«

Nur Fanny reagierte nicht. Sie schirmte ihre Augen mit der Hand ab und blickte in den Himmel. »Nee. Eher zu kurz.«

Mika starrte Fanny an. Seit wann kannte sie sich auch noch in Astronomie aus? Dann sah sie hoch. Am Horizont stand tatsächlich ein blasser Tagmond. »Wie lange dauert es, bis der voll ist?«, fragte sie bang.

Tara hob ihren Wanderstock auf. »Fünf Tage«, antwortete sie trocken und spazierte davon.

Sam atmete so laut aus, als hätte jemand bei ihr die Luft abgelassen. »Mist!«, stöhnte sie und kickte ein paar Steine weg. Das war viel zu wenig Zeit, um ein Rennen zu organisieren.

Fanny ließ sich auf die Steintafel fallen.

Nur Mika wollte nicht so schnell aufgeben. Betont munter stapfte sie auf und ab. »Was denn? Das geht schon! Ich meine, das ist zwar alles ziemlich zugewuchert, aber das kriegen wir doch hin.« Sie warf einen leicht verzweifelten Blick auf die zugewachsene Tribüne. »Ein bisschen Unkraut jäten, Strecke markieren, fertig! Es wird schon irgendjemand kommen!«

Auch Sam hob den Kopf. Gab es doch noch Hoffnung?

Fanny zerschmetterte sie mit einem einzigen Satz. »Na ja, es müssen schon ziemlich genau zweihundert sein!« Sam fuhr herum. »Zweihundert?« Mikas Lächeln erstarb. »Mhm. Sonst sind die Bedingungen für ein Kulturdenkmal nicht erfüllt«, erklärte Fanny. »Hatte ich das nicht erwähnt?«

Mika hätte sie in diesem Moment umbringen können. Dieses kleine, aber entscheidende Detail hatte die Freundin bisher schön für sich behalten.

Wortlos ließen sich Sam und Mika auf den staubigen Boden fallen. Das war's dann wohl.

Stumm schleppten sie sich in der gleißenden Sonne zurück zur Hacienda. Als sie das Tor erreichten, waren sie verschwitzt und durstig. Sam führte sie auf die erhöht liegende Terrasse hinter dem Wohnhaus, von der aus man eine traumhafte Sicht über das Grasland hatte – was den Mädchen gerade vollkommen wurscht war. Mika und Fanny ließen sich auf die Stühle rund um einen steinernen Tisch plumpsen, Sam brachte von drinnen einen Krug Limonade und eine Wasserflasche.

»Fünf Tage«, stöhnte Mika, nachdem sie ein volles Glas hinuntergestürzt hatte.

»Zweihundert Leute!« Sam schraubte den Verschluss der Flasche auf und zu und auf und zu.

Fanny kratzte sich am Kopf. »Unmachbar.«

Wieder breitete sich frustriertes Schweigen aus. In diesem Moment hörten sie ein seltsames Quieken. Es klang wie ein kaputter Blasebalg. Mika blickte auf. War das ein Esel? Ein Strohhut tauchte knapp oberhalb der niedrigen Terrassenmauer auf und schob sich im Schritttempo voran.

»Wer ist das denn?«, fragte Fanny stirnrunzelnd.

Sam hob kaum den Kopf. »Vielleicht Sonja? Auf die Eselvermietung fallen jedenfalls nur Touristen rein.«

Das Quietschen kam näher. Und da bog auch schon ein großer grauer Esel um die Ecke und zockelte den Aufgang zur Terrasse hoch. Sein Zaum- und Sattelzeug war mit prächtigen bunten Bändern geschmückt. Auf seinem Rücken hockte, etwas steif, eine blasse Gestalt in kurzen Hosen. Mika schirmte die Augen mit der Hand ab. Irgendetwas daran kam ihr ziemlich bekannt vor. Sie sprang auf. »Nein, das ist …« Ein breites Grinsen erschien auf ihrem Gesicht. »Sam!«

Sam sah sie verwirrt an. »Ja?«

Auch Fanny hopste von ihrem Stuhl hoch. »Sam!«

»Was denn?« Ratlos blickte Sam zwischen den Mädchen hin und her.

Die beiden drehten sich zu ihr um. »Anderer Sam«, sagten sie gleichzeitig und kicherten.

Sam winkte zu ihnen herüber. »Hola, Chicas!« Umständlich stieg er aus dem Sattel.

Noch nie war Mika so froh gewesen, Sam zu sehen. Er erschien ihr wie der rettende Engel, der geradewegs vom Himmel – oder vielmehr vom Esel – gefallen war. Sie lief zu ihm und drückte ihn so fest, dass Sam fast die Luft wegblieb. Kaum hatte sie ihn losgelassen, kam Fanny über den Tisch geklettert und sprang wie ein Äffchen in die Arme ihres Freundes. Lachend schwenkte Sam sie herum. Dann griff er nach der Wasserflasche auf dem Tisch und leerte sie in einem Zug.

Die andere Sam sah ihn an wie einen Alien.

Sam begann zu erzählen. »Deine Großmutter hat sich schreckliche Sorgen gemacht. Und uns alle wahnsinnig«, sagte er zu Mika. »Da hab ich mich freiwillig gemeldet. Und es lief alles super, bis auf den Esel.« Er sah sich nach dem Grauen um, der mit unschuldigem Blick an einer Topfpflanze knabberte. »Nie wieder Esel!«, erklärte Sam mit Nachdruck. Dann blinzelte er in die Runde. »Und hier so?«

Die Antwort darauf bekam er prompt. Sam durfte sich gerade noch umziehen, dann schleppten die Mädchen ihn unverzüglich zum Startpunkt der Rennstrecke. Unterwegs berichteten Mika und Fanny abwechselnd von ihrem Plan, der noch ziemlich planlos war. Samantha blieb schweigsam. Offenbar traute sie Sam Nummer zwei noch nicht über den Weg.

An der abgebrochenen Startsäule nahm Sam die Strecke in Augenschein. Die Mädchen warfen sich nach der dritten Wanderung des Tages erschöpft auf die Tribünenstufen.

Sam dagegen schien trotz der Esel-Tortur topfit zu sein. Voller Elan tigerte er über die Ebene. »Also dann, let's do it!«, rief er.

Samantha, die sich auf den Rücken gelegt hatte, verdrehte genervt die Augen. »Hat er nicht zugehört?« Der Typ kapierte anscheinend gar nichts.

»Hast du nicht zugehört«, wiederholte Mika, als müsste sie für die beiden Sams aus verschiedenen Sprachen übersetzen.

»Doch!« Sam hob beschwörend die Arme. »Aber die Pferde, die brauchen das Wasser. Und mit dem Rennen können wir sie retten!« Hatten sie doch selbst gerade lang und breit erklärt. Warum hingen sie jetzt so deprimiert auf den Stufen ab? »Och Leute, was ist denn los mit euch?«

Samantha fuhr hoch. »Mann, wir können kein Pferderennen in fünf Tagen ausrichten! Ist leider unmöglich!«

»Quatsch.« Sam schüttelte den Kopf. »Mika hat in vier Wochen reiten gelernt! Und Dressur!«

Fanny nahm den Grashalm aus dem Mund, auf dem sie herumgekaut hatte. »Stimmt. DAS war unmöglich!«

Samantha starrte Mika an. »DU kannst Dressur reiten?«

Mika machte eine unbestimmte Handbewegung. So genau wollte sie da jetzt nicht darauf eingehen. Doch mit einem Mal war sie wieder voller Energie. »Sam hat recht!

Wir müssen es wenigstens versuchen.« Sie sprang die Stufen hinunter und legte einen Arm um Sams Schultern. »Und wenn jemand in fünf Tagen zweihundert Leute organisieren kann, dann ...«, Sam fiel ein, »... ist das Fanny!«, riefen sie im Chor.

Fanny zog eine Grimasse. Ihr war klar, worauf dieses zweifelhafte Kompliment hinauslief: auf einen Haufen Arbeit.

8. Kapitel

Einige Gespräche später hatten sie schließlich auch Samantha, Pedro und Tara überzeugt. Alle wollten mitanpacken, und schon am selben Tag stürzten sie sich mit Feuereifer in die Vorbereitungen. Von jetzt an zählte jede Minute.

Tara kramte aus ihren alten Kisten ein großes rotes Banner, darauf die weiße Silberdistel von Ora. Nach dem letzten Rennen vor vielen Jahren hatte sie es heimlich mitgenommen. Nun sollte die Fahne wieder weithin sichtbar an der Rennstrecke gehisst werden.

Fanny und Samantha entwarfen am Rechner einen Flyer. »La Carrera de Ora«, das Rennen von Ora, stand in fetten Buchstaben ganz oben, darunter sprang ein weißes Pferd durch eine stilisierte Silberdistel. Mit den Zetteln fuhren sie ins nächste Dorf und hängten sie gut sichtbar in sämtlichen Geschäften, Restaurants und Cafés auf.

Neben dieser altmodischen Werbung mussten sie natürlich auch digital aktiv werden – ebenfalls Fannys Job. In allen sozialen Netzwerken kündigte sie das große Ereignis an, ließ immer neue Posts und Tweets los, um die Leute neugierig zu machen. Der Erfolg ließ nicht lange auf sich warten. Tag für Tag stiegen die Klicks und Likes an, zuerst langsam, bald schon rasant.

Pedro zeigte ihnen den genauen Verlauf der alten Rennstrecke und markierte sie mit rotem Stift auf einer Landkarte. Aus bunten Stoffen bastelten sie anschließend Markierungsstangen und rammten sie mühsam in den steinharten Boden. Sam zog mit weißem Kalk eine schnurgerade Start- und Ziellinie und richtete außerdem mit dem Traktor die schiefe Steinsäule wieder auf. Damit war die Rennstrecke startklar. Jetzt mussten sie nur noch das Unkraut von der Tribüne beseitigen – ziemlich genau zehn Schubkarren voll, wie sich später herausstellen sollte. Danach spürten sie ihre Finger fast nicht mehr.

Neben der ganzen Arbeit gab es aber noch ein kleines Highlight auf der Hacienda. Mika hatte inzwischen erfahren, dass der einsame schwarze Jährling mit dem Brandzeichen tatsächlich Calimas Sohn war. Da nun beide auf der Hacienda gelandet waren, sollte die Familie wieder vereint werden. Calima hatte sich so weit erholt, dass sie aus der Box herausdurfte. Tara war gekommen und führte ihre Stute über den Hof. Calima lahmte noch leicht, aber als sie den Kleinen im Paddock erspähte, wurden ihre Schritte eilig. Ein tiefes Wiehern ließ ihren Körper erbeben. Ihr Sohn antwortete mit hellem Stimmchen. Pedro öffnete die Tür des Paddocks, und Calima lief zielstrebig zu ihrem Sohn. Nase an Nase beschnupperten sie sich ausgiebig. Dann legte Calima ihren Kopf auf den Rücken des Fohlens und blieb mit halb geschlossenen Augen dicht neben ihm stehen. Auf Taras Gesicht zeigte sich ein glückliches, entspanntes Lächeln. Endlich war mit ihren beiden Sorgenkindern wieder alles in Ordnung.

Am nächsten Tag, dem letzten vor dem Rennen, wollte Mika mit ihren Freunden die Startmeldungen sammeln. Samantha entschied, dass der beste Ort dafür der weitläufige Platz vor der Kirche im Dorf sei – dort, wo Mika auf den schwäbischen Cowboy getroffen war. Sie packten einen langen Klapptisch und Stühle ein, dazu einen Sonnenschirm und einen Stapel Flyer. Samantha stattete sie außerdem stilecht andalusisch aus: Mika bekam einen schwarzen Sombrero, Fanny eine Rüschenbluse samt Fächer. Sam blieb bei seinem Strohhut. Eigentlich fand er die Arbeitskleidung der spanischen Cowboys ziemlich cool. Aber nachdem Fanny ihm gestern freundlich mitgeteilt hatte, dass er in Lederchaps albern aussah, war das Thema für ihn erledigt.

Nach dem Frühstück zogen die drei los. Samantha wollte nachkommen, sie musste noch die Pferde füttern.

Wenig später hockten sie auf dem sonnigen Dorfplatz hinter ihrem Tisch. Vorne stand gut sichtbar ein Schild: »Inscripción«, Anmeldung. Hinter ihnen klebten auf einer Holzwand die Flyer in drei Reihen, damit nicht zu übersehen war, worum es ging. Die knallroten Zuschauer- und Starterkarten baumelten dekorativ an einer Wäscheleine und an Schnüren, die vom Sonnenschirm herabhingen.

Jedes Mal, wenn jemand an ihrem Stand vorbeiging, grinsten die drei erwartungsvoll. Einmal kam sogar ein Cowboy auf seinem Pferd vorbeigeritten und guckte interessiert. Doch niemand blieb stehen, um eine Karte zu kaufen.

Mika, die in der Mitte saß, wurde nervös. »Und was, wenn niemand mitmacht?«

Sam und Fanny warfen ihr von rechts und links strafende Blicke zu.

»Entschuldigung«, sagte Mika kleinlaut. »Nerven.«

In diesem Moment rauschte Samantha quer über den Platz auf sie zu. »Hey!«

Sam, Mika und Fanny starrten sie mit offenem Mund an. Samantha war kaum wiederzuerkennen. Statt ihrer Arbeitskluft trug sie ein langes, eng anliegendes Kleid mit reichlich roten Rüschen an den Ärmeln und am Saum. Ihre Haare hatte sie mit einer Blumenspange zurückgesteckt. Herausfordernd drehte sie sich einmal vor ihnen, dass der Stoff nur so wallte. »Der Erste, der irgendwas sagt, verliert seine Zähne«, warnte sie.

Mühsam beherrscht biss Mika sich auf die Lippen. »Sieht doch sehr …«, begann sie und überlegte verzweifelt, was sie sagen sollte.

»… rüschig aus?«, warf Sam ein.

»Das ist unsere Landestracht, okay?«, fauchte Samantha.

Plötzlich boxte Mika Sam in die Seite. »Da!«

»Aua!« Sam fuhr herum.

Ein gutaussehender junger Spanier trat an ihren Tisch – die erste Anmeldung!

»Hola.« Grüßend legte er einen Finger an den Hut.

Fanny saß plötzlich kerzengerade da, lächelte und wedelte mit ihrem Fächer. »Hola-la!«, grüßte sie zurück und reichte ihm mit gekonntem Augenaufschlag ein Ticket.

Kaum hatte der Spanier sich umgedreht, lehnte Sam sich vor und warf Fanny einen finsteren Blick zu.

Nur Mika grinste zufrieden und machte den ersten Strich auf ihre Liste.

»Es geht los!«, flüsterte Samantha.

Und tatsächlich. Die Spanier hatten offenbar ausgeschlafen, denn in den nächsten zwei Stunden folgte eine Anmeldung nach der anderen. Zwischenzeitlich bildete sich sogar eine Schlange vor ihrem Tisch. Bald war das ganze Blatt vor Mika voller Striche.

»161. Gracias!«, sagte Samantha gerade.

»162. Danke sehr!« Sam gab das nächste Ticket ab.

»162. Merci!« Fanny warf mittlerweile alles durcheinander, genau wie Mika.

»164. Grazie!«, sagte Mika zu einem alten Spanier, der sie verwundert ansah.

Die Letzte in der Reihe war eine attraktive Spanierin in einem hellen Flamencokleid mit weinrotem Schultertuch. Als sie nach dem Ticket von Sam griff, zwinkerte sie ihm zu.

»Muchas gracias, Chico.«

Sams Mund klappte auf, und er vergaß weiterzuzählen.

Stumm starrte er ihr nach, als sie über den Platz davon-schritt.

»165«, sagte Fanny laut und schickte Sam einen säuerli-chen Blick. Jetzt waren sie wohl quitt.

Mika machte einen Strich unter ihre Liste. Der Platz leerte sich, es kam niemand mehr.

»Das wird knapp«, murmelte sie.

Sie schwiegen einen Moment.

»Ach Quatsch!«, sagte Sam bemüht fröhlich.

»Morgen ist auch noch ein Tag!«, ergänzte Fanny.

Samantha, die hinter ihnen stand, legte ihre Hand auf Mikas Stuhllehne. »Genau! Geht ja erst um zwölf Uhr los!«

Überzeugt klang keiner von ihnen. Würden sie bis da-hin wirklich noch 35 Anmeldungen zusammenkriegen?

Am Abend ritt Mika mit Ostwind hinaus ins Grasland. Sie musste mal alleine sein und durchatmen. An einem gro-ßen knorrigen Baum hielt sie an und setzte sich auf die Reste einer Steinmauer. Ostwind begann zu grasen. Am Horizont versank die Sonne langsam hinter den Hügeln. Es war so friedlich, dass für einen Moment alle Anspan-nung von Mika abfiel. Sie blickte auf das Handy in ihrer Hand, das sie von Fanny geliehen hatte. Es wurde Zeit, je-manden anzurufen.

Es tutete kurz, dann nahm Milan ab.

»Hey«, meldete Mika sich.

»Hey«, kam es von Milan. Mika hörte, wie er lächelte. »Und? Weniger Bäume?«, fragte er.

Mika sah sich um. »Andere Bäume.« Sie machte eine kurze Pause. »Wär schön, wenn du hier wärst.«

»Ich muss nicht da sein, um da zu sein«, erwiderte Milan sanft. »Aber ich vermiss dich trotzdem.«

Mika lächelte. Ging ihr genauso, auch wenn sie in den letzten Tagen kaum zum Nachdenken gekommen war. »Erzähl mir was von zu Hause«, bat sie. Plötzlich vermisste sie Kaltenbach.

Milan schwieg einen Moment. Alarmiert setzte Mika sich auf. War was? Aber dann redete Milan schon weiter. »Ach, das meiste ist beim Alten. Archibald hat gestern den Briefträger gejagt. Ich glaub, wir kriegen nie wieder Post hier.«

Beide lachten. Es tat gut, seine Stimme zu hören.

»Ich vermiss dich auch«, sagte Mika schließlich leise. »Bis bald.«

»Bis später.« Milan schickte einen Kuss durch den Hörer.

Mika lächelte und drückte auf Auflegen. Dann hob sie den Kopf – und erstarrte. Nicht weit entfernt näherten sich die Wildpferde. In einer kleinen Senke blieben sie stehen und sahen zu ihnen hoch.

Auch Ostwind hatte die Herde bemerkt. Er prustete aufgeregt. Dann drehte er sich um und machte ein paar Schritte, den Pferden entgegen. Mit einem Satz sprang Mika auf und stürzte zu ihm, um ihn zu stoppen. Sie wusste selbst nicht, warum sie so heftig reagierte. Befürchtete sie, dass Ostwind ihr davonlief?

Ihre schnelle Bewegung erschreckte die Herde. Die Tiere machten kehrt und trabten davon.

Fragend schnupperte Ostwind an Mikas Hand, die seine Zügel hielt.

»Tut mir leid, ich wollte sie nicht verjagen.« Entschuldigend streichelte sie über Ostwinds Mähne.

Wie als Antwort seufzte Ostwind tief. Und plötzlich kamen Mika fast die Tränen.

Am Tag des Rennens schlichen Mika und Samantha noch vor Sonnenaufgang in den Stall. Sie würden beide mitreiten und wollten ihre Pferde für den großen Tag schön machen.

Mit leuchtender Fingerfarbe malten sie nach alten Fotovorlagen verschiedene Symbole auf das Fell ihrer Pferde: blaue Wellenlinien über den Rumpf, Streifen rund um die Beine und über die Nase, einen blauen Kreis um ein Auge. Mit gelber Farbe pinselte Mika außerdem eine große Silberdistel auf Ostwinds Brust, deren Blütenblätter sich wie lange Strahlen ausbreiteten. Er war verbunden mit diesem Land, das sollte jeder sehen. Ostwind hielt ganz still, so als spürte er die Kraft, die von dem Ritual ausging. Zum Schluss flocht Mika noch ein paar Federn in Ostwinds Mähne. Sie würden Glück bringen, hatte Tara gesagt.

Was die Mädchen nicht ahnten: Zur selben Zeit rumpelte ein Laster mit einem Bagger auf der Ladefläche in Richtung der Oase, die friedlich in der aufgehenden Sonne lag. Dem Laster folgten drei Pickups mit dem Logo von Water

Flow. In einer Staubwolke bremsten sie vor der Quelle. Arbeiter in orangefarbenen Warnwesten sprangen heraus, luden Motorsägen von den Ladeflächen der Pickups und entrollten Stacheldraht von großen Trommeln. Schwere Arbeitsschuhe zertrampelten ein Nest zarter Silberdisteln. Die Vorbereitungen für die Abholzung hatten begonnen.

Festlich gekleidete Besucher strömten auf das Tor der Hacienda zu. Die bunten Flamencokleider der Frauen leuchteten vor den matten Farben der Landschaft. Einige Männer trugen die traditionelle Arbeitstracht: kurze Jacke und schmale Hosen in gedeckten Farben, dazu einen Sombrero. Die Menschen lachten und redeten durcheinander, sie freuten sich offenbar, dass der alte Brauch wiederbelebt wurde.

Da öffnete sich das hintere Stalltor, Mika und Samantha traten mit ihren bemalten Pferden auf den Weg hinaus. Die Leute blieben stehen und sahen sie an. Erstaunt deuteten sie auf Ostwind. Er lief ganz frei neben Mika und trug weder Sattel noch Zaumzeug.

Plötzlich ertönte eine tiefe Stimme hinter ihnen. »Das Rennen von Ora! Dass ich das noch erleben darf!«

Mika drehte sich um. Auf einem schwerfälligen dunkelbraunen Pferd saß der schwäbische Cowboy und lächelte sie breit an.

Mika grinste zurück. »Hallo!«

Der Cowboy ritt zu ihr. »Und du hast offenbar gefunden, was du gesucht hast, Chica?«

Mika überlegte kurz. Hatte sie das? »Ja, ich glaube

Calima liegt im Sterben, jetzt ist keine Zeit zum Streiten!

Tara kommt zur Hacienda, um nach Calima zu schauen.

Reicht die Zeit noch aus, um das Rennen von Ora zu organisieren?

»Hola Chicas!«

Mika bemalt Ostwind für das Rennen.

»Das ist sein Rennen.«

Die Teilnehmer haben sich für das Rennen herausgeputzt.

Mika, Sam und Fanny haben es mal wieder geschafft!

»Das Pferd, das das Rennen von Ora gewinnt, ist die Seele Andalusiens.«

Tara weiß, warum Mika zurückgekommen ist.

Wird das ein Abschied für immer?

»Angeber!«

»Wie wäre es mit ›Ora‹?«

Mika und Ora sind sofort ein Herz und eine Seele.

In Gedanken sind Mika und Ostwind für immer verbunden.

schon.« Sie warf einen Blick auf das dunkle Pferd, das jetzt mit hängenden Ohren dastand und aussah, als würde es gleich einschlafen. »Äh, nehmen Sie auch teil?«, fragte sie vorsichtig.

Der Cowboy lachte schallend. »No. Ich bin beruflich hier. Ich arbeite für die Regierung. Kulturbehörde.« Er zwinkerte Mika zu und ritt an ihr vorbei in den Innenhof.

Rechts und links vom Eingang standen Pedro und Tara und begrüßten die ankommenden Gäste. Auch sie hatten sich feingemacht: Tara trug einen schwarzen Reitrock mit roter Leibbinde, Pedro einen Anzug in Dunkelblau. Hinter ihnen saßen Sam und Fanny an einem improvisierten Ticketschalter. Alle wirkten angespannt. Würden sie heute noch die restlichen Karten verkaufen können?

Nachdem Pedro ein älteres Ehepaar willkommen geheißen hatte, versiegte der Strom der Besucher. Pedro drehte sich zu Fanny um. »Wie viel haben wir denn jetzt? Zähl noch mal nach!«

»Hab ich schon. 195.« Fanny blickte auf die Uhr über dem Tor. »Es ist gleich zwölf.«

Sam raufte sich die Haare. »Ich glaube nicht, dass jetzt noch jemand kommt, der kein Ticket hat.«

Der schwäbische Cowboy kam zum Tor spaziert, diesmal ohne sein Pferd. Ernst sah er Samanthas Vater an. »Es tut mir leid, Pedro. Es müssen zweihundert sein, sonst kann ich den Schutzvertrag nicht unterschreiben.«

Mika und Samantha, die ebenfalls dazugetreten waren, sahen sich verzweifelt an. Tara blickte zu Boden.

»Ich weiß«, brummte Pedro gereizt. Fragend sah er zu seiner Schwester hinüber. Die nickte ihm zu. »Aber das Rennen von Ora findet heute trotzdem statt«, rief Pedro. Eine ölige Stimme ertönte. »Nein, wird es nicht.« Der Bürgermeister! Mit drei Anzugträgern im Schlepptau und einem fiesen Lächeln auf den Lippen bog er um die Ecke. Seine beigefarbene enge Jacke und die dunkelbraune Hose spannten über seinem dicken Bauch. Mit einer vorwurfsvollen Geste ging er auf Samanthas Vater zu. »Pedro, ich bin enttäuscht. Ich dachte, ich hätte mich klar ausgedrückt.« Auf einen Wink von ihm holte einer der Anzugträger ein Dokument aus einem Aktenkoffer und hielt es Pedro vor die Nase.

»Dieses Rennen verläuft über Land, das sich im Besitz der Water Flow befindet«, erklärte der Mitarbeiter kühl. »Und wir können Ihnen bedauerlicherweise keine Genehmigung erteilen.« Seinem Gesichtsausdruck nach zu urteilen, fand er das allerdings kein bisschen bedauerlich.

Der Cowboy sah Pedro mitfühlend an. »Ich fürchte, er hat recht. Solange die Bedingungen für den Schutzvertrag nicht erfüllt sind, kann ich nichts machen.«

Der Bürgermeister lächelte wie eine Hyäne.

»Dann bitte ich Sie, die Veranstaltung umgehend zu beenden und unser Land zu räumen«, rief der Anzugträger und fuchtelte mit den Armen. »Die Abholzungen an der Quelle sollen heute beginnen.«

In Mika brodelte es. Das durfte doch alles nicht wahr sein. »Moment!« Sie sprang vor.

Alle Köpfe drehten sich zu ihr. Entschlossen trat Mika dem Bürgermeister und seinen Beamtenfuzzis entgegen. »HIER sind sie auf UNSEREM Land. Und solange Sie hier stehen wollen, müssen Sie auch ein Ticket lösen.« Sie deutete auf die restlichen Tickets, die vor Fanny auf dem Tisch lagen.

Die anderen waren ganz still. Sie verstanden, was Mika vorhatte.

Der Bürgermeister machte eine wegwerfende Kopfbewegung. »Sei nicht albern, Kleine«, sagte er herablassend.

Mit zwei Schritten war Mika bei ihm und baute sich vor ihm auf. Sie überragte ihn um einen halben Kopf. »Ich bin nicht albern. Und nicht klein!«

Das überhebliche Grinsen verschwand aus dem Gesicht des Bürgermeisters. Er stieß ein unsicheres Lachen aus. »Na gut, meine Herren. Wir wollen ja nicht unhöflich sein.« Damit nahm er die vier Tickets, die Sam ihm entgegenhielt, und hielt sie hoch wie ein Beweisstück. »So, wenn ich jetzt bitten darf«, sagte er dann auffordernd in Pedros Richtung.

Der Cowboy hob die Hand. »Einen Moment noch.« Fragend sah er Fanny an und deutete auf die Liste. »Und?«

Alle hielten die Luft an. War Mikas Plan aufgegangen?

Fanny zuckte die Schultern und guckte unglücklich. »199«, hauchte sie.

Ein allgemeines enttäuschtes Ausatmen war zu hören, auch von dem Cowboy.

Nur der Bürgermeister drehte sich ungerührt zu einem

seiner Mitarbeiter um und ließ sich von ihm ein Funkgerät reichen.

Die Glocke in dem kleinen Turm oben auf dem Tor schlug zwölf.

Tara, die bislang kein Wort gesagt hatte, warf Mika einen eindringlichen Blick zu und schloss die Augen. Mika wusste, was sie sagen wollte. Jetzt half nur noch Beistand aus einer anderen Welt. Sie schloss ebenfalls die Augen. Etwas musste passieren, bitte!

Fannys Kopf sank auf die Tischplatte, von Sam kam ein Stöhnen. War die ganze Arbeit wirklich umsonst gewesen?

Der Bürgermeister drückte auf die Sprechtaste. »Hallo? Ihr könnt gleich loslegen. Ich gebe euch ein Zeichen.« Aus dem Funkgerät war das Aufheulen von Kettensägen zu hören, dann ein »Sí« von einem der Arbeiter in der Oase.

Krampfhaft hielt Mika die Augen geschlossen. Bitte! Sie dachte an die Wildpferde. Ob sie in diesem Moment schon zusammengetrieben wurden?

Da ertönte eine schüchterne Stimme. »Entschuldigung? Bin ich hier richtig wegen Work und Travel?«

Mika riss die Augen auf. Fannys Kopf schnellte hoch. Alle starrten das blonde Mädchen in Batikpluderhosen an, das mit einem großen Rucksack auf dem Rücken hinter den Männern hervortrat.

»SONJAAAAAA!«, kreischten Mika, Fanny, Samantha und Sam los.

Das Mädchen lächelte verstört und sah von einem zum anderen. »Bin ich zu spät?«

»Nein!« Sam stürzte vor und drückte ihr ein Ticktet in die Hand.

Der Cowboy nahm dem widerstrebenden Bürgermeister das Funkgerät aus der Hand. »Hier spricht Adrián Munios, Beauftragter der Regierung von Andalusien. Das Land, auf dem Sie sich befinden, steht ab sofort unter meinem Schutz.«

Entsetzen breitete sich auf dem Gesicht des Bürgermeisters aus. Seine Begleiter blickten stumm zu Boden.

Der Cowboy ließ das Funkgerät sinken und breitete lächelnd die Arme aus. »Es kann losgehen!«

9. Kapitel

Der volle Tagmond stand hoch am Himmel über der zerbrochenen Steinsäule. Neben der Rennstrecke flatterte das rote Banner mit der Silberdistel. Die Tribüne und die umliegenden Plätze im Gras waren dicht mit Zuschauern besetzt. Es herrschte Volksfeststimmung. Überall auf den Rängen wurde getrommelt und gesungen, einige hatten Gitarren mitgebracht. Unter den Zuschauern saßen auch Sam und Fanny. Sie lachten und klatschten und ließen sich von der Ausgelassenheit anstecken.

An der Startlinie warteten gut zwei Dutzend Pferde mit ihren Reitern. Einige waren ebenfalls bunt bemalt, andere trugen traditionell besticktes Zaumzeug und Satteldecken. An ihren Stirnriemen baumelten Lederfransen oder kunstvolle Bommeln aus Pferdehaar, um die Fliegen abzuwehren.

Die Reiterschar war ein wilder Stilmix, vom Westernüber den Rennreiter bis zum spanischen Vaquero war alles vertreten. Manche trugen Hüte, andere hatten sich Bänder oder Schals um den Kopf gebunden, was sie verwegen aussehen lassen sollte. Auch stolze Frauen in Kleidern saßen im Sattel.

Aufgeregt tänzelten die Pferde auf der Stelle, einige stiegen.

Mitten unter den Startern stand Mika ganz still neben Ostwind. Beide blickten auf die Strecke vor sich.

Samantha saß bereits auf Cortado und warf Mika nervöse Blicke zu.

Das Klatschen der Zuschauer vereinigte sich jetzt zu einem treibenden Rhythmus.

Pedro und Tara standen Rücken an Rücken in der Mitte der Startlinie und hielten jeweils ein Ende von einem aufgerollten roten Band. Nun schritten sie langsam auseinander und entrollten dabei feierlich das Startband zwischen sich.

Die Stimmung war wie elektrisiert, einige Spanier klopften den Rhythmus mit der Hand auf ihr Herz.

Pedro und seine Schwester drehten sich um. Das Band befand sich nun direkt vor den Köpfen der scharrenden Pferde. Über das Klatschen erhob sich Pedros tiefe Stimme. Er begann, den Startcountdown herunterzuzählen. »Diez, nueve ...«

Das Publikum fiel ein, der Chor der Stimmen schwoll an.

»Siete ...«, zählten sie.

»Mika? Du musst aufsteigen«, drängte Samantha.

Doch Mika rührte sich nicht.

»Seis!«

Die Pferde um sie herum schlugen nervös mit den Köpfen, ein Schnauben und Stampfen erfüllte die Luft.

Mika stand immer noch ruhig neben Ostwind. Ihr Blick war abwesend, ihre Gedanken weit weg.

»Cinco … cuatro …«

Mika schloss die Augen. Das Getöse um sie herum schien immer leiser zu werden. Sie konzentrierte sich jetzt vollkommen auf Ostwind. Bilder von ihrer ersten Begegnung tauchten vor ihr auf, ihre Spiele, die Zweisamkeit. Dann die Stimme des Cowboys: Das Pferd, das das Rennen von Ora gewinnt, ist die Seele Andalusiens …

»Mika?!«, hörte sie von weither Samanthas flehende Stimme.

»Tres!«

Mika warf einen letzten Blick auf die Prärie, auf der die bunten Markierungswimpel im Wind flatterten. Dann beugte sie sich zu Ostwind und flüsterte etwas in sein Ohr.

»Dos!«

»UNOOOO!!!«

Tara und Pedro rissen das Band hoch, und die Pferde schossen darunter hervor wie von einem Katapult geschleudert. Hinterhufe drückten sich kraftvoll vom Boden ab, Pferdeleiber warfen sich nach vorn. In einer riesigen Staubwolke raste der Pulk los.

Von der Tribüne erschollen ohrenbetäubender Jubel und wilde Anfeuerungsrufe. Sam und Fanny waren aufgesprungen und klatschten wie verrückt.

»Wo ist sie? Siehst du sie?«, brüllte Sam.

Fanny sah angestrengt auf die Strecke. »Nein! Mika, wo bist du?«

Plötzlich setzte sich jemand neben sie. »Hier.«

Entgeistert starrten die Freunde Mika an.

»Was?« Mehr brachte Fanny nicht hervor. Auch Sam stammelte nur: »Wie?«

Mika lächelte still. Sie wusste, sie hatte das Richtige getan. »Das ist sein Rennen.«

Im entfesselten Galopp jagten die Pferde über die Ebene. Die Reiter brüllten, das Publikum jubelte. Ganz hinten galoppierte ein einzelnes Pferd ohne Reiter: Ostwind.

Sam und Fanny sprangen auf. »Da ist er!«, schrie Sam. Fanny fuchtelte mit den Armen. »Ostwind! LAUF!«

Und Ostwind lief. Seine Hufe flogen über den staubigen Boden, seine Mähne flatterte im Wind. Er fühlte sich stark und kraftvoll. Sein Herz pumpte gleichmäßig. Noch war die Zeit nicht gekommen, das Letzte aus sich herauszuholen.

Mika schloss die Augen. Wind fuhr in ihre Haare und ließ ein paar Strähnen tanzen. Sie war bei Ostwind. Sah, was er sah, spürte das Rauschen des Windes in ihren Ohren, fühlte seinen Herzschlag. War eins mit ihm.

»Ich bin bei dir«, flüsterte sie ihm in Gedanken zu. »Schneller!«

Ostwind machte einen mächtigen Satz und beschleunigte seine Sprünge. Mit wirbelnden Hufen überholte er zuerst einen Schimmel, schob sich dann an einem Fuchs vorbei. Mikas Stimme hallte in seinem Kopf. »Schneller!«

Das wilde Rennen erreichte die Steinsäule. Die ersten Pferde rasten um die Kurve. Einige wurden nach außen gedrängt, andere preschten in die Lücken. Ostwind galoppierte jetzt mitten im Feld.

Es ging auf die Gerade Richtung Tribüne. Samantha auf Cortado überholte Pferd um Pferd, setzte sich an die Spitze. Das Publikum geriet völlig aus dem Häuschen. Alle waren aufgesprungen, zeigten fuchtelnd auf einzelne Reiter und johlten. Auch Sam und Fanny schrien um die Wette.

Nur Mika saß mit geschlossenen Augen da. Auf ihren Lippen lag ein Lächeln, sie flog mit Ostwind über die Ebene. »Schneller!«

Samantha hatte sich vom Feld abgesetzt und jagte auf die Steintribüne zu. Da löste sich ein Pferd aus der Gruppe hinter ihr und schob sich unaufhaltsam nach vorn. Die gelbe Silberdistel leuchtete wie eine Sonne auf Ostwinds schweißnasser Brust.

Mika öffnete die Augen. Um sie herum war es auf einmal ganz still. Es war, als säße sie völlig allein auf der Tribüne. Auch die anderen Pferde auf der Strecke hatten sich in Nichts aufgelöst. Da war nur noch Ostwind, der auf sie zu galoppierte, immer schneller und schneller.

Mika spürte, wie sein Herz schlug, seine Muskeln sich spannten und lösten. Sein Hufschlag dröhnte in ihren Ohren, durch ihre Haare sauste der Wind. Rotgoldene Haarsträhnen verschwammen mit Ostwinds wehender Mähne. Der Moment war so intensiv, dass er für Mika zur Ewigkeit wurde. Tränen rollten über ihre Wangen.

Ostwind lief so schnell wie noch nie in seinem Leben. Er war frei – und gleichzeitig bei Mika. Unaufhaltsam schoss er voran, schob sich an die zweite Position direkt hinter Samantha. Die drehte sich um, als sie die trommelnden Hufe hinter sich hörte.

Doch da zog Ostwind schon an ihr vorbei. Noch drei mächtige Galoppsprünge, dann berührten seine Vorderhufe die Ziellinie. Tara schwenkte die rote Fahne. Gewonnen!

Die Menge jubelte, klatschte und schrie. Mika erwachte wie aus einer Trance. In Zeitlupe erhob sie sich und sah Ostwind hinterher, der langsamer wurde, abdrehte und in stolzem Trab zur Tribüne zurückkehrte.

»Ostwind«, flüsterte Mika. Ihr Herz platzte fast vor Liebe und Stolz. Der Hengst hatte allen gezeigt: Er war die Seele Andalusiens. Sie klatschte, bis ihr die Handflächen wehtaten.

Sam umarmte sie stürmisch. Und Fanny hinter ihm schlang jubelnd ihre Arme um sie beide. Sie hatten es geschafft! Ostwind hatte es geschafft!

Am Abend fand im festlich geschmückten Innenhof der Hacienda die Siegerehrung statt. Ostwind wurde auf ein hölzernes Podest vor den alten Turm geführt und bekam von einer spanischen Lady einen üppigen bunten Siegerkranz über den Hals gestreift. Die Zuschauer ringsum feierten und bestaunten ihn. Alle wollten Ostwind berühren, ihn fotografieren. Mika stand mit Fanny und Sam unter ihnen und klatschte wie wild. Ihr Herz zog sich zusammen. Es war seltsam, Ostwind da oben stehen zu sehen, so stolz und schön. Mit erhobenem Kopf blickte der Hengst ins Publikum – bis ihm offenbar einfiel, dass der Kranz ziemlich lecker sein könnte. Er wölbte den Hals und biss herzhaft in die grünen Blätter.

Jetzt kletterte der Cowboy auf das Podest und stellte sich neben Ostwind. »Soeben kam die Bestätigung aus Madrid«, rief er in sein Mikrofon. »Das Rennen von Ora ist ab sofort offizieller Teil des andalusischen Kulturschatzes!« Applaus und Jubel brandeten auf. Die Oase und die Wildpferde waren gerettet! Mika, Fanny und Sam strahlten sich an.

Das Klatschen der Menge wurde rhythmischer, Gitarrenklänge setzten ein. Die ersten Tänzer kamen auf das Podest, fielen stampfend in den Rhythmus ein, drehten sich mit erhobenen Armen und ließen die Röcke fliegen. Sie tanzten den Sevillana, den traditionellen Volkstanz Andalusiens.

Tara und Samantha mischten sich unter die Frauen und Männer. Synchron klatschend umkreisten sie sich und strahlten einander an. Bei ihrem Anblick ging Mika das Herz auf. Tara hatte ihre Meinung über ihre Nichte offenbar geändert. So viel Mut und Tatendrang hatte sie ihr sicher nicht zugetraut. Und Samantha war Zweite in einem hart umkämpften Rennen geworden – in ihr steckte eine echte Amazone.

Auch Fanny war nicht mehr zu halten und zog Sam mit sich auf die Tanzfläche. Sie fassten sich an den Händen und hopsten ausgelassen über das Podium.

Mika tanzte lachend auf Ostwind zu, der jetzt etwas abseits vom Podium stand. Übermütig warf der Hengst den Kopf auf und ab, als wollte er ihre Einladung annehmen. Doch nach einigen Minuten stupste Ostwind sein Maul gegen ihre Hand und blickte sie aus dunklen Augen an. Mika hielt inne. Tief drinnen spürte sie, was Ostwind sagen wollte: Ihre Aufgabe war beendet. Es war Zeit, nach Hause zu gehen.

Die Strahlen der aufgehenden Sonne ließen die Hacienda auf dem Hügel leuchten. Vor dem Tor herrschte trotz der frühen Morgenstunde einiger Trubel.

Mika stand neben Ostwind und befestigte den Seesack hinter seinem Sattel.

Sam bugsierte Fannys riesigen Koffer in ein wartendes Taxi.

»Was ist denn da drin?«, fragte er ächzend. »Eine Vierzimmerwohnung?«

»Nur das Nötigste«, erwiderte Fanny schulterzuckend.

Mika trat zu ihnen. Grinsend vollführten Sam und sie ein kompliziertes Abschiedsritual mit den Händen und zum Abschluss umarmte Mika ihn.

»He, ich kenn die schon viel länger als du«, beschwerte sich Fanny.

Mika löste sich von Sam und nahm die Freundin in den Arm. »Also dann. Viel Spaß in Barcelona!«

»Dankeschön.« Fanny drückte sie fest. Den Plan hatten sie spontan gestern Nacht geschmiedet. Statt Paris wenigstens noch drei Tage Barcelona. Aus Fannys Umhängetasche knurrte es bedrohlich. Fanny ließ Mika los und tätschelte den Kopf des Hündchens, dessen Blick starr auf Ostwind gerichtet war. »Tja, sieht aus, als hätte noch jemand 'ne tiefe Verbindung zu einem Vierbeiner aufgebaut.«

Mika lächelte. »Danke. Für alles.«

Winkend stiegen die Freunde ins Taxi. Von der Rückbank aus sah Sam sich noch einmal um, zog eine Grimasse und machte lächelnd das Victory-Zeichen. Dann rollte der Wagen los.

Mika drehte sich um. Hinter ihr warteten schon Pedro und Samantha.

»Und du bist sicher, dass du schon abreisen musst?«, fragte Pedro.

»Ja. Ich muss nach Hause«, sagte Mika bestimmt.

Pedro drückte sie so fest an seine breite Brust, dass Mika nach Luft schnappte. »Danke. Ihr habt viel mehr gerettet, als nur Ora. Du wirst hier immer ein Zuhause haben.«

Ostwind trat neben sie und schnaubte. Lächelnd drehte Pedro sich zu ihm und strich ihm über die Stirn. »So wie er!«

Mika griff schnell nach Ostwinds Zügel. »Danke, aber wir müssen jetzt wirklich los.«

Von Samantha kam ein Räuspern. Pedro verstand. Er schob seine Tochter in Mikas Richtung, drehte sich um und ging mit einem Gruß davon.

Einen Moment lang stand Samantha stumm vor Mika.

Offenbar wusste sie mal wieder nicht, wie sie anfangen sollte. Dann kramte sie in den Taschen ihrer Jeans. »Ich hab noch was für dich.« Verlegen streckte sie Mika die Handfläche hin, auf der ein schwarz-weißes Flechtarmband lag.

Mika nahm es und betrachtete es verwundert.

»Hab ich gemacht.« Samantha verzog keine Miene. »Aus Ostwinds Schweifhaaren. Ist jetzt kein Freundschaftsarmband oder so.«

Mika grinste und streifte sich das Armband über. »Natürlich nicht. Trotzdem danke.«

Plötzlich stürzte Samantha vor und umarmte Mika. »Ich werd dich vermissen. Komm wieder, okay?« Ihre Stimme an Mikas Hals klang erstickt. Mit einem Ruck ließ Samantha sie los, drehte sich um und hastete davon.

Mika sah ihr nach. Auch sie hatte einen Kloß im Hals. Schließlich gab sie Ostwind ein Zeichen. »Komm, ich bring dich nach Hause.«

10. Kapitel

Mika ritt mit Ostwind über das weite Grasland. Ihr Blick wanderte über die olivenbewachsenen Hügel. Vögel zwitscherten, Grillen zirpten. Für Mika fühlte sich all das so vertraut an, als wäre sie schon ewig hier. Dabei waren seit ihrer Ankunft noch nicht mal zwei Wochen vergangen.

Als links von ihnen Taras Behausung hinter dichtem Buschwerk in Sicht kam, wurde Ostwind langsamer. Bis er schließlich ganz stehen blieb. Schnaubend hob er den Kopf.

Mika schluckte. Ostwind hatte recht. Sie mussten sich noch verabschieden – auch wenn sich irgendwas in ihr dagegen sträubte.

Mika wendete den Hengst und trabte auf die Gestütsruine zu. An dem alten Torbogen sprang sie aus dem Sattel und führte Ostwind in den Innenhof. Bei der hölzernen Veranda standen dösend ein paar Wildpferde. Neugierig drehten sie ihre Köpfe, als sie die Ankömmlinge bemerkten. Vor ihnen, auf den Stufen der Veranda, hatte Tara es sich bequem gemacht und genoss mit geschlossenen Augen die Morgensonne.

Zögernd näherte sich Mika. Schlief Tara? Ostwind neben ihr ließ ein leises Schnauben hören.

»Ostwind.« Auf Taras Lippen erschien ein Lächeln, sie öffnete die Augen. »Da seid ihr ja.« Es klang so, als hätte sie auf sie gewartet.

»Wir wollten uns nur verabschieden«, sagte Mika schnell. »Ich muss nach Hause.«

Tara sah sie ruhig an. »Ich weiß.« Mit dem Kopf deutete sie hinter die Ruine. »Sie grasen dahinten.«

Wollte sie, dass Ostwind die Herde noch einmal sah? Eine unerklärliche Unruhe überfiel Mika. Sie schüttelte den Kopf. »Es ist schon spät, wir sollten wirklich los.« Hastig drehte sie sich um. »Komm!«, sagte sie auffordernd zu Ostwind und marschierte los. Doch der Hengst rührte sich nicht von der Stelle.

»Mika?«, kam Taras Stimme von der Veranda.

Mikas Unterlippe begann zu zittern. Langsam drehte sie sich um. »Ja?«

Tara war aufgestanden, ihr Blick war ernst. »Ich weiß, es ist nicht immer leicht, unsere Gabe zu haben. Etwas ganz selbstverständlich zu spüren, das andere nicht fühlen können.«

Mika senkte den Kopf. Tara hatte sie schon bei ihrem ersten Treffen erkannt. Hatte die verwandte Seele in ihr gesehen.

»Wie wenn man einem Blinden Farben beschreiben muss«, flüsterte Mika und legte ihre Hand auf Ostwinds Rücken.

Tara nickte. »Aber wir dürfen nicht aufhören, es zu versuchen. Wir sind nun mal Menschen.«

»Und wir brauchen andere Menschen.« Mikas Stimme zitterte bedenklich.

Eine Pause entstand. Tara wollte offenbar etwas sagen, schien aber nicht zu wissen, wie sie anfangen sollte. »Weißt du, was das Allerschwerste ist?«, fragte sie schließlich.

In Mikas Augen schwammen die Tränen. Sie wusste, was Tara sagen wollte. Hatte es schon lange gespürt, aber nicht wahrhaben wollen. Ihre Stimme brach, als sie antwortete: »Zu wissen, was das Richtige ist, auch wenn wir es nicht wollen?«

Ostwind drehte seinen Kopf zu Mika und blies seinen warmen Atem in ihre Handflächen.

»Ja«, erwiderte Tara sanft. »Deshalb bist du gekommen. Nicht, um dich von mir zu verabschieden. Nicht, damit Ostwind sich verabschieden kann …«

Die Tränen strömten nur so über Mikas Gesicht. Wild schüttelte sie den Kopf. »Nein«, schluchzte sie.

Doch Tara ließ sich nicht beirren. »Du bist hier, um dich von Ostwind zu verabschieden.«

Ein abgrundtiefer Schluchzer fuhr durch Mikas Körper. Ihr Herz war nur noch ein schmerzhafter Klumpen in ihrer Brust. Einen Moment war ihr, als würde der Boden sich unter ihr öffnen. Aber dann sah sie in Ostwinds Augen. Ruhig und klar blickte der Hengst sie an. Es war richtig. Für Ostwind. Und für sie. Mika atmete tief durch. Langsam verebbten ihre Schluchzer.

Tara bedachte sie mit einem wissenden Blick. Dann drehte sie sich um und ging ins Haus.

Seite an Seite mit Ostwind lief Mika durch das hohe Gras. Hinter der Ebene erhoben sich die schroffen Felsen. Nicht weit entfernt grasten die Wildpferde in kleinen Gruppen. Ostwind reckte den Hals und blieb stehen. Einige der Wildpferde hoben ihren Kopf und blickten neugierig zu ihnen hinüber.

Mika stand still neben Ostwind. Jetzt spürte sie ganz deutlich, was am Anfang nur eine Ahnung gewesen war: Das hier war Ostwinds Zuhause. Der Ort, wo er hingehörte. Aber ihr Zuhause war woanders.

Sie legte ihren Kopf an Ostwinds Stirn, nahm seinen Kopf zwischen beide Hände und schloss die Augen. »Okay?«, fragte sie flüsternd. Ostwind antwortete mit einem leisen Prusten. Mika löste sich von ihm und begann mit einer Hand, die Schnallen des Sattelgurts zu öffnen. Der Fellsattel mit dem Seesack glitt zu Boden. Dann streifte sie sein Reithalfter ab. Zum Schluss zog sie die Zügel über seinen Hals. »Das brauchst du nicht mehr«, sagte sie.

Ostwind sah sie ruhig an. Er blieb dicht bei ihr stehen, als wollte er sagen: Ich bin da.

Ein Windstoß fuhr durch Mikas Haare, und ein paar rote Strähnen mischten sich in Ostwinds dunkle Mähne. Mika legte ihren Kopf an seinen Hals. Die Sonnenstrahlen ließen Ostwinds helle Mähnenspitzen silbern aufleuchten.

Nach einer Weile richtete Mika sich auf und trat einen Schritt zurück.

»Na los!« Ihre Kehle fühlte sich an wie zugeschnürt. Ostwind schüttelte schnaubend den Kopf und bewegte sich keinen Zentimeter.

Mika konnte den Blick nicht von ihm wenden. Sie spürte eine so tiefe Verbundenheit mit ihm wie noch nie. Aber sie musste ihn loslassen. Sonst würde er nicht gehen.

»Geh schon!« Diesmal war ihre Stimme fester. Ein Teil von ihr würde hier bei ihm bleiben, immer.

Unschlüssig tänzelte Ostwind hin und her. Er sah zu seiner Herde hinüber, dann wieder zu Mika.

Die musste lächeln. »Ich bin okay. Wirklich«, versicherte sie ihm. »Geh!«

Endlich schien Ostwind ihr zu glauben. Mit einem befreiten Wiehern riss er den Kopf hoch und galoppierte auf die anderen Pferde zu.

Tränen stiegen in Mika auf. »Sei frei!«

Kurz bevor er die Herde erreicht hatte, bremste Ostwind und stieg wiehernd auf die Hinterbeine. Nach der Landung schlug er übermütig nach hinten aus.

Trotz ihrer Trauer musste Mika lächeln. »Angeber!«, schniefte sie.

Tänzelnd bewegte Ostwind sich auf die grasenden Pferde zu und knuffte seine Mutter Calima verspielt in die Seite. Dann tauchte sein Kopf neben ihr in das lange Gras.

Die Sonne lag golden über der weiten Ebene. Frieden. Dieses Bild würde sie mitnehmen – bis zu ihrem nächsten

Besuch. Mika hob das Sattelzeug und den Seesack vom Boden auf, warf sich beides über die Schulter und ging davon, ohne sich noch einmal umzudrehen.

Pedro fuhr sie zur Fähre. Diesmal stand Mika alleine an Deck und sah hinaus auf die schäumenden Wellen. Sie lehnte den Kopf an die Kabinentür und schloss die Augen. Wenig später war sie eingenickt.

Mika saß auf Ostwinds Rücken. Er galoppierte über die weite Ebene, der untergehenden Sonne entgegen. Seine Hufe wirbelten schneller und schneller durch die Luft. Mika schloss die Augen und breitete die Arme aus – sie flogen. Auf ihrem Gesicht lag ein seliges Lächeln. Jetzt schob sich von links ein Pferdekopf neben sie, rechts folgten zwei weitere. Mika öffnete die Augen. Um sie herum wogten Pferdeleiber. Schimmel, Rappen und Braune schlossen sich wie eine Welle um sie, nahmen sie auf in ihre Mitte. Mika atmete im Rhythmus der Pferde, lauschte dem Trommeln ihrer Hufe. Ein Gefühl überschäumender Freude und unendlicher Freiheit durchströmte sie. Sie war ein Teil der Herde, und die Herde war ein Teil von ihr.

Epilog

Nach einer zweitägigen Reise mit Fähre, Bus und Zug kam Mika in Kaltenbach an. Es war ein grauer, kühler Wintertag. Mika hatte ihre Rückkehr nicht angekündigt, deshalb holte sie auch keiner ab. Sie brauchte Zeit, wollte in ihrem Tempo ankommen.

Langsam wanderte sie mit dem Rucksack auf dem Rücken die Allee nach Kaltenbach entlang. Wie anders es hier roch. Und wie kalt es war. Als das Gestüt in Sicht kam, wurden Mikas Schritte schneller. Endlich hatte sie die Einfahrt erreicht. Doch weit und breit war niemand zu sehen. Mika drehte sich einmal um sich selbst und sah sich suchend um. Der Hof wirkte wie ausgestorben. Sie überlegte. Heute war Sonntag, aber irgendjemand musste doch da sein.

»Hallo?« Sie öffnete die knarrende Tür des Gutshauses. »Ich bin wieder da!« Keine Antwort.

Etwas angesäuert blickte Mika über den Hof. Okay, sie hatte keine Willkommensparty erwartet, aber ganz alleine hier zu stehen war auch blöd.

Ihr Blick wanderte zum Reitplatz hinüber. Staunend hielt sie inne. Auf einem Aufstiegshocker unter der alten

Birke saß ihre Großmutter – im Reitdress. Vor ihr stand ein großer Fuchs mit Zaumzeug und Sattel. Maria Kaltenbach hielt die Zügel locker in der Hand. Mika drehte sich um und lief zu ihr. Als Maria ihre Schritte hörte, sah sie auf.

»Mika! Du bist wieder da!« Ihre Stimme verriet tiefe Erleichterung.

»Hallo Oma!«, erwiderte Mika lächelnd.

Maria Kaltenbach sah sich um. »Wo ist Ostwind?«

Für eine Sekunde zögerte Mika. »Zu Hause«, antwortete sie dann. Es war das erste Mal, dass sie es laut aussprach. Und sie war froh, dass es sich immer noch richtig anfühlte.

Nachdenklich sah Maria sie an. Sie schien nicht überrascht.

Mika machte eine Kopfbewegung zu dem Fuchs. »Was hast du denn vor?«

Ein schüchternes Lächeln erschien auf Marias Gesicht. »Ich dachte, es wäre vielleicht an der Zeit.«

»Oma!« Mika begann zu strahlen. »Wirklich?«

»Ja.« Maria Kaltenbach nickte. »Aber ich schaff es nicht alleine. Ich brauch deine Hilfe.«

»Na klar!«, rief Mika voller Tatendrang. »Gerne! Sollen wir gleich?«

Ihre Großmutter schüttelte den Kopf. »Nein. Das hat Zeit.« Sie deutete zu den Stallungen hinüber. »Da drüben ist noch jemand, der auf dich gewartet hat.«

Mika schob die schwere Stalltür auf und trat hinein ins Halbdunkle. Ihre Hand fuhr über die Holzwände der Boxen. Alles war so vertraut, die Geräusche, der Geruch nach frischem Stroh. Fast war es, als wäre sie nie weg gewesen. Weiter hinten brannte Licht in einer Box, zwei tiefe Stimmen sprachen leise miteinander. Mika ging näher.

Die Tür der Box war zur Hälfte aufgeschoben. Im Lichtkegel einer Stalllaterne erkannte sie Milan. Er hockte neben einem Pferd, das im Stroh lag: 34. Die Hinterläufe der Stute waren blutig verklebt, sie hatte geschwitzt. Erschrocken warf Mika ihr Gepäck auf den Boden und trat in die Box. Und da sah sie es: Neben 34 lag zusammengerollt ein kleines schwarzes Fohlen!

In der hinteren Ecke erhob sich Herr Kaan. Beide Männer blickten Mika an. Über Milans Gesicht huschte ein Lächeln.

»Gerade rechtzeitig«, meinte Herr Kaan und deutete auf das Fohlen.

Milan sah sie an. »Deswegen musste ich zurück zu 34.«

Stumm starrte Mika auf das Fohlen.

»Ostwind ist Vater geworden«, hörte sie Herrn Kaan sagen.

Das Fohlen hob sein Köpfchen. Es hatte eine breite weiße Blesse und vier weiß gestiefelte Beine. Behutsam näherte sich Mika . Es war eine kleine Stute, stellte sie fest. Eine Weile beobachtete sie schweigend das kleine Wunder vor sich. Das Fohlen begann mit den Vorderbeinen zu zappeln und versuchte sich aufzurichten. Doch schnell verließen es die Kräfte, es sank zurück ins Stroh.

»Sie kann nicht aufstehen.« Sorge schwang in Milans Stimme.

Jetzt erhob 34 sich. Das Fohlen unternahm einen weiteren Versuch, fiel aber wieder um.

»Wenn es nicht aufsteht, kann es nicht überleben«, murmelte Milan.

Aus irgendeinem Grund musste Mika lächeln. Die Sorgen waren überflüssig, das spürte sie. Die Kleine würde es schaffen. Langsam streckte sie ihre Hand mit dem Armband aus und ließ das Fohlen daran schnuppern. »Hallo Kleine! Du hast viel von deinem Papa.«

Erneut streckte das Fohlen seine Vorderbeine vor. »Na komm«, ermunterte Mika es. Auch 34 stupste ihre Tochter auffordernd an.

Vergeblich, die Kleine kam nicht auf die Beine. Immer wieder plumpste sie auf die Seite. Mika drehte sich zu Milan. Ein Blick genügte – es war an der Zeit, etwas zu tun. Vorsichtig umfasste Mika die Brust des Fohlens, Milan stützte es hinten. Endlich stand es auf wackeligen Beinen. Es sah sie an und schüttelte den Kopf, als wollte es sagen: Danke, aber das hätte ich auch alleine geschafft! Mit staksigen Schritten zog es los, um bei 34 nach der Milchquelle zu suchen.

Herr Kaan nickte zufrieden, packte ein paar verschmutzte Tücher zusammen und verschwand aus der Box.

Milan schaute Mika von der Seite an, aber sie war noch ganz bei dem Fohlen. Erst als die Kleine zu trinken begann, wandte Mika sich ihm zu. Strahlend fiel sie ihm um den Hals. Dann kuschelten sie sich nebeneinander ins Stroh und beobachteten Mutter und Kind.

»Sie braucht noch einen Namen«, sagte Milan leise.

»Wie wär's mit fünfund...«, scherzte Mika, aber Milan unterbrach sie sofort. »Oh nein, auf keinen Fall!«

Eine Weile saßen sie einfach nur da.

»Ich habe Ostwind freigelassen«, sagte Mika in die Stille hinein.

Milan drehte den Kopf zu ihr. »Wow.« Er hatte gespürt, dass irgendetwas an Mika anders war. Der Blick, mit dem sie die kleine Stute angesehen hatte ...

Aber Mika lächelte. »Er muss ja nicht da sei, um da zu sein.«

Als Milan seine eigenen Worte hörte, musste er grinsen. »War's schwer?«, wollte er wissen.

»Ja. Aber er gehört dorthin. Zu seiner Herde.« Daran gab es für Mika keinen Zweifel mehr.

Und sie selbst? Darauf hatte Mika noch keine Antwort gefunden. Vielleicht gehörte sie nirgendwohin. Sie war dazwischen, halb Mensch, halb Pferd – eine Kentaurin. Mittlerin zwischen den Welten.

»Ora!«, rief Mika plötzlich. Das war es! »Wir nennen sie Ora.«

In diesem Moment wandte das Fohlen sich von 34 ab und schaute die beiden aufmerksam an.

Milan lächelte. »Sieht aus, als hätte sie nichts dagegen.«

Drei Monate später. Es war Frühling geworden. Die Wiesen rund um Kaltenbach blühten und dufteten, das Grün stand hoch. Mika kletterte durch den Koppelzaun und lief zu 34, die weit hinten graste und sich nicht stören ließ. Die kleine Ora trabte sofort neugierig auf Mika zu. In den letzten Wochen war Mika oft hier gewesen. Bevor das Fohlen sie erreicht hatte, drehte Mika ab und begann zu rennen. Ora machte einen übermütigen Bocksprung und flitzte hinter ihr her. Ausgelassen tobten die beiden über die Weide, schlugen Haken, umkreisten sich. 34 hob den Kopf und sah ihnen kurz zu. Dann senkte sie die Nase wieder ins Gras.

Schließlich ging Mika die Puste aus. Sie wurde langsamer, und auch Ora fiel in den Schritt. Wie ein Schatten blieb die kleine Stute hinter ihr. Schwer atmend ließ Mika sich in der Nähe des Tors ins Gras fallen. Oras dünne Vorderbeine knickten ein, mit einem Seufzer plumpste sie neben das Mädchen. Vorsichtig robbte Mika näher an sie heran und legte ihren Kopf an die Stirn des Fohlens. Sie konnte es spüren. Ostwind war bei ihr. In ihren Gedanken, in der kleinen Ora. Glücklich schloss Mika die Augen.

Der neue Roman
ab Herbst 2017

Coole Produkte für echte
Ostwind-Fans!

Puzzle

PC-Game

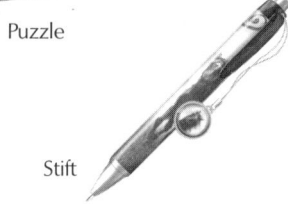

Stift

Geldbeutel

Stickeralbum

Magazin

Sachbuch

Notizbuch

Hörspiel zum Film

Das große Fanbuch

Freundebuch

Tagebuch

Wandkalender

Schneiderbuch
EGMONT

aesir
interactive

Ravensburger

In der OSTWIND-Reihe sind bereits erschienen:

OSTWIND – Zusammen sind wir frei – Das Buch zum Film (Band 1)
OSTWIND – Rückkehr nach Kaltenbach (Band 2)
OSTWIND 2 – Das Buch zum Film
OSTWIND – Aufbruch nach Ora (Band 3)
OSTWIND – Aufbruch nach Ora – Das Buch zum Film
OSTWIND – Auf der Suche nach Morgen (Band 4)

OSTWIND – Meine Freunde

Constantin Film präsentiert eine SamFilm Produktion in Co-Produktion
mit Constantin Film Produktion»Ostwind – Aufbruch Nach Ora«
Hanna Binke · Lea van Acken · Amber Bongard · Marvin Linke
Nicolette Krebitz· Thomas Sarbacher · Jannis Niewöhner · Tilo Prückner
und Cornelia Froboess
Casting: Stefany Pohlman
Pferdetrainer: Kenzie Dysli, Gerd Grzesczak
Maske: Dorothea Goldfuss, Jeannette Tripodi
Kostüme: Mika Braun
Herstellungsleitung: Ole Wilken
Produktionsleitung: Felix Leitermann
Originalton: Petra Gregorzewski
Sound Design: Media, Sound & Pictures
Mischung: Tschangis Chahrokh
Filmmusik: Annette Focks
Schnitt: Tobias Haas
Szenenbild: Carola Gauster
Bildgestaltung: Florian Emmerich
Associate Producer: Bernd Schiller
Co-Produzent: Martin Moszkowicz
Drehbuch: Lea Schmidbauer basierend auf einer Idee von Lea Schmidbauer
und Kristina Magdalena Henn
Produzenten: Ewa Karlström, Andreas Ulmke-Smeaton
Regie: Katja von Garnier

Gefördert durch:

FFF Bayern

© 2017 SamFilm GmbH / Constantin Film Produktion GmbH

 *Constantin Film*